大数据背景下会计信息化系统创新与发展

韦姿百　王　硕　著

图书在版编目（CIP）数据

大数据背景下会计信息化系统创新与发展 / 韦姿百，王硕著 . -- 北京 : 中国书籍出版社，2022.10

ISBN 978-7-5068-9200-1

Ⅰ . ①大… Ⅱ . ①韦… ②王… Ⅲ . ①会计—管理信息系统—研究 Ⅳ . ① F232

中国版本图书馆 CIP 数据核字（2022）第 170367 号

大数据背景下会计信息化系统创新与发展

韦姿百　王　硕　著

责任编辑　邹　浩
装帧设计　李文文
责任印制　孙马飞　马　芝
出版发行　中国书籍出版社
地　　址　北京市丰台区三路居路 97 号（邮编：100073）
电　　话　（010）52257143（总编室）（010）52257140（发行部）
电子邮箱　eo@chinabp. com. cn
经　　销　全国新华书店
印　　刷　天津和萱印刷有限公司
开　　本　710 毫米 ×1000 毫米　1/16
字　　数　213 千字
印　　张　11.75
版　　次　2023 年 3 月第 1 版
印　　次　2023 年 5 月第 2 次印刷
书　　号　ISBN 978-7-5068-9200-1
定　　价　72.00 元

前言

科学技术助推时代的进步与发展，在科技的加持下，各行各业的工作效率得到大幅度提升，会计行业也不例外。当今世界，互联网、大数据、云计算、物联网、智慧地球等现代信息技术的应用，不仅催生了网络时代的发展和知识经济时代的到来，而且迎来了信息技术发展和应用的第三次浪潮。会计信息化也步入了以标准化、知识化、智能化、社会化和产业化为主要标志的第三次浪潮变革期。如何推动会计信息化模式建设，成为专家和学者研究的主要问题之一。基于此，本书将从大数据、云计算和物联网三个角度，探讨会计信息化模式的建设路径。首先，从大数据角度来分析，要更新会计工作思路，同时，要加强风险防范意识，明确会计信息的行业化集中使用，通过建立健全会计信息化的法律体系，为大数据时代下的会计信息化建设提供保障。其次，从云计算角度来分析，高校要积极完善会计信息化模式构建方案，包括架构选择方案和网络设计方案，同时，企业也要积极构建基础服务、平台服务和软件服务模式。最后，从物联网角度来分析，国家应推广物联网技术在会计领域中的应用，同时，企业也要提升会计信息技术管理水平。

本书共分为六个章节，第一章为大数据的基本理论，主要就大数据的探究与分析、大数据的使用、大数据的价值三个方面展开论述；第二章为会计信息化理论综述，主要围绕会计信息化的发展历程、会计信息系统与 IT 平台、面向企业应用的会计信息系统展开论述；第三章为大数据背景下的会计信息化，依次介绍了大数据下企业运用的会计信息系统、大数据下会计信息服务平台的构建、大数据下会计信息化的运行环境、大数据背景下会计面临的挑战四个方面的内容；第四章为云计算环境下的会计信息化模式，依次介绍了基于云计算的会计信息化概述、基于云计算的会计信息化建设模式构建策略两个方面的内容；本书第五章为物联网环境下的会计信息化建设，分为两部分内容，依次是物联网与会计信息化的关系、物联网环境下的会计信息化建设。本书第六章为总结与展望，主要就会计信息系统构建的保障措施、大数据背景下会计人才培养模式的转型这两个方面展开论述。

在撰写本书的过程中，作者得到了许多专家学者的帮助和指导，参考了大量的学术文献，在此表示真诚的感谢。由于作者水平有限，书中难免会有疏漏之处，希望广大同行和读者及时指正。

作者

2022 年 6 月 15 日

目　录

第一章　大数据的基本理论

随着移动互联网技术、物联网技术及自动数据采集技术等信息技术的快速发展及广泛应用，人们面临着前所未有的海量数据，并且数据量呈现爆炸式增长。本章为大数据的基本理论，主要介绍了三部分内容，分别为大数据的探究与分析、大数据的使用以及大数据的价值。

第一节　大数据的探究与分析

一、探究数据

（一）数据的本质

数据指的是能够客观反映事实的数字和资料，也就是用有意义的实体表达事物的存在形式，是表达知识的字符集合。从性质角度来分析，数据由定性数据和定量数据两部分构成，定性数据用来表示事物的属性，定量数据用来反映事物数量特征。从表现形式角度来分析，数据由数字数据和模拟数据两部分构成，其中，模拟数据又可以进行细分，具体分为符号数据、文字数据、图形数据和图像数据等。

在计算机领域，数据又有更为具体的内涵，指的是可以输入电子计算机的一切字母、数字、符号，并且能够被程序处理，是信息系统的组成要素。数据可以记录或传输，通过外围设备在物理介质上被计算机接收，经过处理而得到结果。计算机系统的每个操作都涉及数据的处理。对数据进行分析，找出其包含的主要特征，也就相当于对数据进行分类、采集、录入、储存、统计检验、统计分析等操作，接收并且解读数据，从而获得相应的信息。

关于数据的来源问题，业界有这样的观点，认为互联网及物联网是产生并承载大数据的基地。互联网公司就相当于大数据公司，互联网核心业务领域不断积累并持续产生海量数据。随着智能手机和平板电脑的普及，移动设备上的 App 能够追踪和沟通无数事件，比如 App 内的交易数据、个人信息资料、状态报告事件等。在电子邮件、文档、图片、音频、视频以及通过博客、维基，尤其是社交媒体产生的数据流中存在大量的非结构数据。在进行文本分析时，这些数据就有了用武之地，为分析提供丰富的数据源泉。此外，还有电子商务购物数据、交易行为数据、Web 服务器记录的网页点击量日志类数据。

物联网是承载大数据的重要基地，物联网设备时刻都在采集数据，包括智能电表、智能温度控制器、工厂机器和连接互联网的家用电器等这类功能设备创建或生成的数据，使得设备的数量和数据量每天都在增加。这些设备可以自动向中央服务器传输数据，便于对数据进行分析。物联网产生数据的典型例子就是机器和传感器数据。

这两类数据资源作为大数据金矿，正在不断产生各类应用。比如，利用物联网的数据可以构建分析模型，实现连续监测和预测。在一些企业中，通过业务往来也积累了大量的数据，比如房地产交易、大宗商品价格、特定群体消费信息等数据。当然，这只是一些数据资源，还称不上大数据，但是这些数据资源对于商业应用也有着重要的意义，这类数据资源是最易获得和易加工处理的，在国内比较常见。

数据正在影响金融、广告、零售、物流、影视等行业，并悄悄地改变我们的生活。随着智能手机更大规模的普及，以及日新月异的可穿戴设备、智能家居，甚至是无人驾驶汽车，都在提醒我们，以互联网（或者物联网）、云计算、大数据为代表的这场技术革命正引领人类社会加速进入农业时代、工业时代之后的一个新的发展阶段——数据时代（DT 时代）。前两个时代分别以土地、资本为生产要素，而正在我们面前开启的数据时代，正如其名，数据将成为最核心的生产要素。

数据对象也称为样品、示例、实例、数据点、对象和元组。数据对象必须由软件理解的复合信息表示：数据对象可能是外部实体、事物、偶发事件或事件、角色、组织单位、地点或结构等。例如，一个人或一部车都可以被认为是数据对象，在某种意义上它们可以用一组属性来定义。数据对象描述包括数据对象及其所有属性。

数据集由数据对象组成。一个数据对象代表一个实体。数据对象所描述的属性体现在：数据库中的行表示数据对象，列表示数据属性。例如，常见的数据集有：销售数据库——客户，商店物品，销售额；医疗数据库——患者，治疗信息；大学数据库——学生，教授，课程信息。

数据属性是一个数据字段，代表一个数据对象的特征或功能，属性、维度（dimension）、特征（feature）、变量（variance）可以互换使用。“维度”一般用在数据仓库中，“特征”一般用在机器学习中，“变量”一般用在统计学中：数据属性定义了数据对象的性质，数据属性值是定义属性的特定的特征或参数。数据属性具有以下作用：第一，为数据对象的实例命名；第二，描述这个实例；第三，建立对另一个表中的另一个实例的引用。另外，必须把一个或多个属性定义为标识符。也就是说，当要找到数据对象的一个实例时，标识符属性称为一个“键”。在某些情况下，标识符的值是唯一的，但不是必需的。

（二）数据的功能及范畴

1. 数据的功能

在生产实践过程中，人们逐渐发明了语言、文字和图形，但是仅利用这些仍无法准确描述世界，由此数字就应运而生，成为一项重要的改造世界的工具，数字使得抽象的概念有了具体的表达，如“很多”人，“非常”多人可以理解为不同的程度，但如果说 1000 人、10000 人就清清楚楚了。数据在人类的生产、交换等活动中发挥着重要的作用，比如人们发明了度量衡、货币等，在很大程度上推动了人类文明的进程。数据的测量产生了最早“有根据的数字”，即数据是对客观世界测量结果的记录，不是随意产生的。测量从一开始产生就是为科学服务的。

自古以来，测量都是科学中的重要方法，测量与科学存在密切的关系。测量出来的数据可以由计算再衍生出新数据。这样看来，一切数据都是人为的产物。但这时的数据还只具有传统意义，它和信息、知识是有严格区别的。数据承载着信息，信息是数据的背景，信息经过归纳整理后具备一定的规律性，这时信息就成为知识。信息的高速发展给社会带来了深刻的变化，20世纪60年代以后，软件科学发展迅速，人们逐渐发明了数据库，电脑的数据库用来存储一切数字、文本、图片。此时，数据的内涵更加丰富，不仅指“有根据的数字”，还包括一切保存在电脑中的信息，包括文本、图片、视频等。数据也成了信息的代名词，因为这些信息只是一种对世界的记录，数据因此就多了一个来源：记录。

2. 数据涵盖的范畴

数据在横向范围内囊括的范畴是相当广泛的，在数据经济运行的各个领域都存在数据。理清数据的范畴是非常重要的，能够更好地归纳数据。在现阶段的经济环境中，数据涵盖的范围更加广泛，既涉及个人或私人领域的数据，又涵盖企业、公共管理部门等领域的数据，例如，气象数据、交通数据、医疗数据等具备公共属性的数据。公共管理部门可以通过一些公共渠道采集、归纳和应用私人领域的数据，比如交通数据、医疗数据等。在这些数据中包含大量的个人交通和医疗信息，同时又具备公共数据的属性特征。概括来说，在横向范围内，数据主要分为商业数据、工业数据、社会数据、自然数据这几类，涉及生产生活的各个领域，这些数据伴随着经济活动不断生成、流转和再生，构建互联网上的大数据生态。

按照数据的整个生命周期，数据在纵向范围内分为数据的生成、数据的再生、数据的创生、数据的消灭这几个阶段。所谓的数据的生成指的是人为创造或自然形成原始数据的过程，例如，个人档案数据、疫情流调数据、环境监测数据等都属于数据生成阶段，这些数据不依赖其他数据的存在而产生，也可以称为原生数据。数据的再生是指清洗和加工原生数据，从而形成具有利用价值的新的数据的过程，例如，人员学历构成、疫情风险区域分布、环境污染度排名等都属于数据再生的阶段，也可以将这些数据称为再生数据。数据的创生是指在原生数据或再生数据的基础上，利用一定的数据模型对数据进行二次深度加工，使其成为有创新性的有价值数据的过程，例如人口出生率预测、疫情发展趋势、环境监测预警等属于数据创生阶段，这些数据也可以称为创生数据。数据的消灭指的是删除或者销毁失去利用价值或已到使用期限的数据的过程。从数据生命周期的整个过程来看，数据是一个动态发展的过程，数据时刻发生着变化。数据在发展变化过程中会涉及数据权利主体及其对应的数据权利内容，深入分析数据的生命周期，有助于确认各个环节数据的客体特征。

（三）由数据到大数据的转变

数据库出现以后，信息总量与日俱增，增速也越来越快。20 世纪 90 年代，就有美国人提出了“大数据”概念，虽还不是真正的大数据时代，但数据的重要性在上升，在价值上的重要性已经被预见。21 世纪以来，特别是 2004 年新社交媒体产生以后，数据开始爆炸，大数据这一提法又一次出现，这时的大数据既指容量大，又指价值大。

一直以来，人们都困扰如何处理各种不断增长的数据。在现代发展历史中，美国统计学家赫尔曼·霍尔瑞斯是最早提出大数据的人，他被后世称为“数据自动处理之父”。赫尔曼·霍尔瑞斯发明了电动“打孔卡片制表机”，用这种机器来识别卡片特定位置上的孔洞，自动统计数据。在 1890 年的人口普查数据中使用了这一发明，这个机器用两年半时间就完成了预计耗时 13 年的人工统计工作量，统计数据达到了惊人的速度，标志着数据自动处理进入了一个新的阶段。戈登·摩尔（Gordon Moore）是英特尔的创始人，他在 1965 年研究了计算机硬件的发展规律，进一步得出了摩尔定律，这一定律认为同等面积的芯片每过一到两年就可容纳两倍数量的晶体管，使微处理器的性能提高两倍，或使价格下降一半。摩尔定律已经成为描述一切呈指数级增长的事物的代名词，这为大数据时代的到来铺平了硬件道路，打下了物质基础。

除了便宜、功能强大，摩尔定律也让计算设备变得越来越小。1988 年，普适计算被美国科学家马克·韦泽（Mark Weiser）所提出，他认为各种各样的微型计算设备有助于随时随地获取并处理数据。普适计算理论指出，计算机发明以后经历三个阶段的发展：一是主机型阶段，一台占据大半个房间的大型机器被很多人共享；二是个人电脑阶段，每个人拥有一台变小了的电脑；三是计算机越来越小，很可能消失在人们视线中，各种微小计算设备可以广泛地部署在人们日常生活环境中，在任何时间、任何地点都可以获得并处理数据，进入普适计算阶段。在现代，随处可见小巧的智能手机、传感器 RFID（射频识别）标签、可穿戴设备等，数据自动采集已经融入人们的生活中，人们收集数据的能力越来越强，奠定了大数据时代的物理基础。

21世纪以来，随着计算机和信息技术的迅猛发展和普及应用，特别是互联网和物联网技术、信息传播技术以及社交网络等技术的突飞猛进，各个领域所产生的数据都呈现出爆炸式的增长。在过去的 20 年时间里，诸如交通运输业、制造业、服务业、医疗业等各个领域积累的数据规模已经达到 PB 级，实现几何级数的增长。

大数据似乎是在一夜之间悄然而至，并迅速走红。大数据在 2012 年进入主流大众的视野，人们把 2012 年称为“大数据的跨界年度”。

随着互联网的发展，许多高端消费公司为了提供更先进、更完美的服务，加大了对大数据的应用。人们在无形中纷纷为大数据投资。

商业用户和其他以数据为核心的消费产品也开始期待以一种同样便捷的方式来获得大数据的使用体验。

我们在网上看电影、买产品等已经成为现实。既然互联网零售商可以为用户推荐一些阅读书目、电影和产品，那为什么这些产品所在的企业做不到呢？举个例子说，为什么房屋租赁公司不能明智地决定将哪一栋房屋提供给租房人呢？毕竟，该公司拥有客户的租房历史和现有可用租房屋库存记录。随着新技术的出现，公司不仅能够了解到特定市场的公开信息，还能了解到有关会议、重大事项及其他可能会影响市场需求的信息。通过将内部供应链与外部市场数据相结合，公司可以更加精确地预测出可租的房屋类型和可用时间。类似地，通过将这些内部数据和外部数据相结合，零售商每天都可以利用这种混合式数据确定产品价格和摆放位置。通过考虑从产品供应到消费者的购物习惯这一系列事件的数据（包括哪种产品卖得比较好），零售商就可以提升消费者的平均购买量，从而获得更高的利润。所以，商业用户也成了推动大数据发展的动力之一。总的来说，大数据的产生既是时代发展的结果，也是利益驱使的结果。当然，那些小公司的发展，乃至个人的服务需求也在为大数据的产生添砖加瓦，只是单个个体的效果不明显，但反映在整个大数据产业中是巨大的，然而其中的道理就不必再多说了。

二、分析大数据

（一）大数据的形成机制

一般来讲，大数据的推动力是一种被动刺激。各个公司和一些专业行政机构，无论他们是否愿意，都不得不存储和检索大量收集到的数据。大数据往往通过以下多种不同的机制出现。

1. 移动互联网

近年来，不断出现各种新兴应用和业务，比如移动支付、移动搜索、移动社交、移动阅读、移动购物等，由此也产生了海量的数据信息，这些数据中蕴含着难以估量的价值。移动互联网大数据在一定程度上推动了新兴产业和业务模式的发展。

2. 物联网

物联网的目标是把所有的物体都连接到互联网，并把物体虚拟化，大量的数据上传之后自然就是大数据了。物联网与大数据的关系有着密不可分的关联性。

3. 云计算

云计算采用计算机集群构成数据中心，通过服务的形式交付给用户。对于用户来说，可以按需购买云计算资源。可以说，云计算与网格计算具有类似的目标，但是云计算与网格计算等传统的分布式计算也存在着明显的不同点，表现为以下几点：第一，云计算是弹性的，也就是说云计算可以按照工作负载大小，动态分配资源，部署在云计算平台上的应用根据资源的变化及时做出响应；第二，网格计算注重异构资源共享，而云计算侧重分享大规模资源池，利用分享的方式进一步提升资源复用率，在一定程度上降低运行成本；第三，经济成本是云计算中需要重点考虑的因素，在设计硬件设备、软件平台时既要考虑高效能，还要兼顾成本、可用性、可靠性等。云计算与大数据的发展是密不可分的，云计算的发展产生了大量的数据，大数据的产生离不开云计算的普及，没有云计算的处理能力，就无法获取大数据蕴含的信息。由于计算能力的不断增强，人们开始关注海量数据中可能隐含的信息及信息价值，如果没有大数据的发展，云计算的处理能力就无用武之地。

4. 企业

企业在其正常的业务活动过程中，收集了大量数据并试图组织这些数据，以期可以根据需要检索资料。大数据致力于简化这个实体的正常活动。数据等待着被使用，这个组织不是寻求发现什么或开展其他新的业务活动，而只是想简单地更好地使这些数据为其现有的业务服务。企业在其正常的业务活动过程中已经收集了大量数据，并确信凭借这些数据可以开发新的业务活动。一些现代化企业不会将业务限定在某种制造工艺或仅面向某个客户群体，他们一直在寻找新的机遇，他们收集的数据也许恰好可以帮助企业基于客户的喜好来开发新的产品，从而开辟新的市场或通过网络来销售产品。这些企业将成为受益于大数据的企业。企业制定一个基于大数据资源的商业模型。和以往的企业不同，这个企业以大数据起步，企业本身是一个拥有大量数据资源的企业集团的一部分，这个集团清楚地知道整合所属企业的数据资源是其优势。

（二）大数据的概念界定

在当今社会，各个领域都涉及了“大数据”，比如生活、学习、社会、商业、教育等各大领域都能找到“大数据”的踪影，不断积累的数据深刻影响着社会的发展。1998 年，《科学》杂志刊登了一篇文章《大数据处理》，在这篇文章中首次提出了“大数据”这一术语。信息的高速发展推动着移动终端、云服务平台、社交软件的更新换代，其中包括微博、微信、QQ 等新媒体的发展，从这一角度看，大数据的积累和使用呈明显的上升趋势。长期以来，大数据的概念并没有统一的说法，学者们倾向于从一些集成设备中，收录特定研究区域的可感知、可采集、用于加工管理和服务方面的数据，利用一定的技术方法挖掘有价值数据。

什么是“大数据”（Big Data）？学者和专家给出了不同答案。

徐宗本院士对大数据的定义为：“不能够集中存储，并且难以在可接受时间内分析处理，其中个体或部分数据呈现低价值性而数据整体呈现高价值的海量复杂的数据集。”

麦肯锡全球研究所定义大数据为："一种规模大到在获取、存储、管理、分析方面大大超出了传统数据库软件工具能力范围的数据集合。"

MBA 智库百科则认为："大数据是无法在一定时间内用常规软件工具对其内容进行抓取、管理和处理的数据集合。"

2015 年 9 月，国务院印发《促进大数据发展行动纲要》，并给大数据明确定义："大数据是以容量大、类型多、存取速度快、应用价值高为主要特征的数据集合，正快速发展为对数量巨大、来源分散、格式多样的数据进行采集、存储和关联分析，从中发现新知识、创造新价值、提升新能力的新一代信息技术和服务业态。"

一般来讲，大数据指的是利用常用的软件工具捕获、管理和处理数据所耗费时间超过可容忍时间的数据集。由此可见，大数据体现出惊人的数据规模和数量，不仅如此，大数据还具有强大的功能，那就是能够将数据收集、数据分类和数据处理融合起来。

大数据是一个不断发展的概念，可以指任何体量或复杂性超出常规数据处理方法的处理能力的数据。通俗来讲，大数据就是大量的数据。从狭义上讲，大数据主要是指处理海量数据的关键技术及其在各个领域中的应用，是指从各种组织形式和类型的数据中发掘有价值的信息的能力。一方面，狭义的大数据反映的是数据规模之大，以至于无法在一定时间内用常规数据处理软件和方法对其内容进行有效的抓取、管理和处理；另一方面，狭义的大数据主要是指海量数据的获取、存储、管理、计算分析、挖掘与应用的全新技术体系。从广义上讲，大数据包含的内容是很广泛的，涵盖了大数据技术、大数据工程、大数据科学和大数据应用等与大数据相关的领域。其中，大数据工程主要是指大数据的规划、建设、运营、管理的系统工程；大数据科学侧重发现和验证在网络发展和运营过程中大数据的规律，以及这些规律在自然和社会活动中的表现和应用。

（三）大数据的主要特征

大数据具有以下五个方面的特征。

1. 体量巨大，种类繁多

随着互联网搜索的不断发展、电子商务交易平台的广泛覆盖以及微博等社交网站的相继涌现，数据内容产生得越来越多。谷歌前 CEO 施密特指出从人类文明开始到 2003 年的近万年时间里人类大约产生了 5EB 数据，而 2010 年人类每两天就能产生 5EB 数据。伴随着传感、存储和网络等计算机科学领域的发展，在各个领域，人们采集到的数据达到了一个前所未有的规模。在今天，网络数据已经实现了同步实时收集，电子商务、传感器、智能手机、医疗领域和科学研究等领域的数据可以传输到数据库。而数据总量也在以惊人的速度增长。数据的高速增长对存储和网络企业的投资者来说是十分有利的。数据类型日益繁多，出现了各种各样的信息，包括但不限于视频、文字、图片、符号等，大数据最大的优点就是探索各种形态的数据流之间的相关性，例如，通过比较供水系统数据与交通状况，可以发现清晨洗浴与早高峰的时间存在一定的相关性，电网运行数据与堵车时间地点存在一定的联系，等等。

2. 开放公开，容易获得

对数据进行分析是采集大数据的最终目的。在特定的政府机构和企业组织中存在着大数据，在社会生活生产过程中也存在着大数据。在电信公司中，积累的客户电话沟通记录是数据；在电子商务网站中，整合的消费者的各种信息是数据。对于企业来说，挖掘和分析海量数据具有重要的意义，不仅能够提升自身实力，还能有效改善运营服务，为公司的决策提供数据支持，进一步提升企业的经济效益。同时，通过对数据的深入分析还能发现和归纳企业发展的规律。在一定规则开放性下，商业组织和政府机构越来越倾向于将自身采集储存的各种海量数据源提供给社会各界和研究机构。大数据时代的基本特征就是开放公开、容易获得的数据源，并且给社会带来巨大的影响。

3. 重视社会预测

大数据最本质的特征就是预测。对大数据时代的企业来说，追求的目标是掌握预见行业未来的能力。美国 Netflix 公司推出的《纸牌屋》就是通过采集 3000 万用户打开、暂停、快进、倒退等播放动作，对用户几百万次评级与搜索进行分析，通过评价受众对不同电视电影节目给予的不同观点，从多个角度理解和分析公众欣赏节目的倾向，利用数据分析获取人们的喜好。该公司细致的采集分析了用户数据，并由此改变视频行业的制作方式，传统的生产方式被计算方法和逻辑分析所取代，利用大数据获取人们的需求，使节目受到观众喜爱。

4. 重视发现而非实证

在实证研究中，注重建立理论假设，在一定范围内进行随机抽样，通过定量调查采集数据，利用相关数据证伪或证实理论假设。大数据不同于实证研究，大数据强调数据的重要性，创造知识，对前景做出合理的预测，重视对未知的探索，根据现象发现机遇。例如，沃尔玛超市利用大数据技术分析了大量的交易数据，发现了这样一种奇特的现象：周末如果是男人买婴儿尿布，通常会再顺便买啤酒。一般在挖掘数据时不做刻板假设，保留未知性，使数据的结果是有效且实用的。近年来，存储设备的成本越来越低，计算机工具的效能越来越先进，处理海量数据的能力越来越高效，数据挖掘算法不断改进，机器学习的神经网络建模技术丰富了调查的方法，让调查方法不再局限于抽样调查。从理论上来说，大数据可以把握总体数据，重视整体的全部数据。

5. 非结构化数据的涌现

在挖掘数据时，更加重视未知的有效信息和实用知识。大数据时代的突出特征就是出现了海量的非结构化数据，并且占到了全部数据的 90%。像微博等社交媒体每天都产生无数的数据文本，使得有价值的数据隐藏在海量的数据中，大数据技术分析大量的信息文本，挖掘探析人们的态度和行为，满足舆情监测的社会需求和企业的重大商机。

（四）大数据的主要类型

1. 依据来源不同分类

大数据依据来源不同一般分为四类：科研数据、互联网数据、感知数据和企业数据。

（1）科研数据

科研数据存在的时间比较久，生物工程、天文望远镜或粒子对撞机等众多领域都会产生科研数据。但这些科研数据的用途较窄，一般都是做高性能计算（HPC）的企业使用这些数据，HPC 也产生了很多的大数据技术。通常情况下，具有极高计算速度且性能优越的机器的研究机构产生科研数据。例如，欧洲的国际核子研究中心，配备了大型强子对撞机，在工作状态下每秒就可以产生 PB 级的数据。

（2）互联网数据

互联网大数据的产生与发展符合时代发展潮流，近年来，社交媒体已经发展成为大数据的主要来源，并且国际互联网企业的高速发展加快了大数据技术的更新换代。例如，搜索巨头百度和谷歌，数据规模都已经达到了上千 PB 的规模级别，亚马逊、雅虎、阿里巴巴的数据也都突破上百 PB。互联网数据增长受梅特卡夫定律和扎克伯格反复引用的信息分享理论的驱动。扎克伯格反复引用的信息分享理论指出一个人分享的信息，每一到两年翻番。在大型互联网企业中，大数据生态系统具有自身的独特性，在一定程度上能够参与开源，不仅如此，还能维护自给自足的生态系统。先是谷歌，之后是 Facebook 的 Open Computer Project（打开电脑项目），在国内，则是 TAB 主导的天蝎计划。大型互联网公司在自身产生大体量数据的同时，还具有平台级的带动功能，例如阿里牵头做的数据交换平台。从总体上来讲，中型互联网公司也能支撑大数据技术团队，但是中型互联网公司在核心开发能力和社区贡献能力方面稍逊于大型互联网公司，因此，中型互联网公司更加侧重外围开发、优化和运维等方面。对于三线互联网公司来说，虽然有数据但没有大数据处理能力，因此给一些大数据技术和服务的发展催生了机会，例如，百分点为电商网站做个性化推荐和营销分析等。

（3）感知数据

移动互联网时代，移动平台的感知功能越发强大，基于位置的服务和移动平台的感知功能，使得感知数据逐渐与互联网数据相重合。感知数据也有惊人的数量，不亚于社交媒体。重庆曾计划做一个平安城市项目，规划了 50 万摄像头，数据存储需求要达到百 PB 级别，不亚于世界级的互联网公司。

（4）企业数据

企业可以通过物联网收集大量的感知数据，之所以把他们分为两类，是因为传统上认为企业数据是人产生的，感知数据是物、传感器、标识等机器产生的。企业数据包括企业外部数据和企业内部数据，企业外部数据不断吸纳社交媒体的数据，而企业内部数据既包括结构化数据还包括非结构化数据。早期的电子邮件与文档文本逐渐发展为各种各样的音频、视频、图片、模拟信号等，形成了社交媒体与感知数据。企业数据与感知数据相类似，二者都涉及传统产业，在经济总量方面要大于互联网产业。我们知道传统产业自身的大数据能力是非常有限的，为大数据技术和服务企业的发展提供了目标市场。但现实情况是，单一企业的大数据需求比较少。目前发展比较有前景的是利用数据采集和分析来提升制造业的效率，但这是工业物联网的范畴，不一定是大数据。

2. 依据使用主体分类

从使用主体不同可分为三类：政府的大数据、企业的大数据、个人的大数据。

（1）政府的大数据

对于各级政府各个机构来说，具备海量的原始数据，保障了社会的发展与运行。政府的大数据种类丰富，涵盖了各种各样的生活数据，比如环保、气象、电力等；管理数据，比如安全、海关、旅游等；公共数据，比如道路交通、自来水、住房等；服务数据，比如教育、医疗、信用和金融等。在具体的政府单一部门内，海量数据比较固化，利用价值不高，只有将各部门数据关联起来，对其进行综合分析和有效管理，才能产生巨大的社会价值和经济效益。

基于网络智能，现代城市逐渐向智慧城市转变。智慧城市中的智能电网、智慧医疗、智能交通、智慧环保等都是建立在大数据的基础之上的，智慧城市的核心资本就是大数据。大数据为智慧城市的建设提供了各种决策和智力支持。

（2）企业的大数据

企业在进行决策时离不开数据的支持。企业只有充分挖掘和利用数据，才能实现企业利润，维护客户利益，传递企业价值，增强企业影响，节约企业成本，增强企业的吸引力和竞争力，进一步开拓市场。随着消费者群体的不断壮大，企业在大数据的帮助下能够为消费者群体提供差异化的产品和服务，做到精准营销。对于网络企业来说，大数据能够帮助网络企业进行服务升级和方向转型。对于传统企业来说，互联网给传统企业带来了一定的压力，传统企业要想实现融合发展，就必须进行变革。信息技术的快速发展使得数据逐渐成为企业发展的核心资产和基本要素，数据发展为产业，进而发展为供应链模式，逐渐变成贯通的数据供应链。互联网时代更加凸显了自由联通的外部数据的重要性，单一的内部数据的价值越来越小。在各类企业中，具有明显竞争力的是能够综合提供数据，推动数据应用、整合数据加工的新型公司。在大数据时代，大型互联网企业应运而生，传统 IT 公司也逐渐加入互联网领域，利用云计算和大数据技术不断改良产品，提升平台的竞争力。互联网企业与传统 IT 公司相互借鉴、相互竞争、相互合作。

（3）个人的大数据

个人可以利用互联网建立属于自己的信息中心，不断积累、记录、采集、储存个人的一切大数据信息。相关法律对此作出规定，经过本人亲自授权，第三方可以采集和处理相关个人信息转化的数据，从而获得个性化的数据服务。在各类穿戴设备中通常会植入各种芯片，这些芯片利用感知技术可以获取人体的各种身体数据，包括但不限于体温、心率、视力等，除了身体数据还可以获取社会关系、地理位置、购物活动等各类社会数据。

为了便于监测当前自身身体状况，从而制定科学有效的私人健康计划，个人可以将身体数据授权提供给医疗服务机构；为了便于制定合理的理财规划并对收益进行预测，个人可以将金融数据授权提供给专业的金融理财机构。国家相关部门还可以在法律允许的范围内，实时监控公共安全，预防犯罪。个人的大数据是受法律严格保护的，在本人亲自授权后，第三方机构必须按照相关法律规定使用，同时大数据必须接受公开、透明、全面监管；按照国家立法要求来采集个人数据，关于采集的内容与范围，由用户自己决定。

第二节　大数据的使用

一、数据资源采集与转化

（一）数据资源的采集

为了更好地满足企业或组织不同层次的管理与应用的需求，数据采集按照三个层次进行。

第一，业务电子化。实现手工单证的电子化存储，并实现流程的电子化，使得业务的过程能够被真实地记录下来。数据的真实性是这一层次数据采集关注的重点，也就是要确保数据质量。

第二，管理数据化。通过业务电子化，企业掌握了利用数据统计分析，来管理企业的经营和业务，这就使得企业对数据的需求不满足于记录和流程的电子化，要求对企业内部信息、企业客户信息、企业供应链上下游信息实现全面的采集，建立数据集市、数据仓库等平台来进一步整合数据，并且建立基于数据的企业管理视图。数据的全面性是这一层次数据采集关注的重点。

第三，数据化企业。在大数据时代，数据已经逐步成为企业的生产力。数据化的企业能够从数据中发现和创造价值。企业数据采集的方向分为广度和深度两个方向。从广度上来分析，数据采集分为内部数据和外部数据，数据采集范围不仅包括结构化数据，还包括非结构化数据，比如文本、图片、视频、语音、物联网等。从深度上来分析，数据采集不仅采集每个流程的执行结果，还采集每个流程中每个节点执行的过程信息。数据价值是这一层次数据采集的关注重点。

（二）数据资源的转化

现阶段，将数据资源转化为解决方案，实现产品化，已经成为研究的重点。大数据作为一种手段，其发挥的作用空间是有限度的。我们关注的重点在大数据能做什么、不能做什么。目前大数据主要有以下几种较为常用的功能。

（1）追踪

互联网和物联网时时刻刻在记录，大数据可以追踪、追溯所有的记录，形成真实的历史轨迹，对于一些大数据应用来说，追踪是其起点，主要涉及消费者购买行为、购买偏好、支付手段、搜索和浏览历史、位置信息等。

（2）识别

在对各种因素全面追踪的基础上，通过定位、比对、筛选可以实现精准识别，特别是在语音、图像、视频等方面，识别效果更好，能够进一步丰富可分析的内容，获得精准的识别结果。

（3）画像

在对同一主体不同数据源的追踪、识别、匹配的基础上，形成更立体的刻画和更全面的认识。通过对消费者画像精准地为消费者推送广告和产品；通过对企业画像准确地判断企业信用和所面临的风险。

（4）预测

在历史轨迹、识别和画像基础上，预测未来趋势，预测重复出现的可能性。在指标出现预期变化或者超出预期变化时，及时给予提示和预警。大数据在很大程度上丰富了预测的方法，有助于建立风险控制模型。

（5）匹配

在海量信息中精准追踪和识别，根据相关性和接近性，筛选比对信息，进一步提升产品搭售和供需匹配的效率。基于大数据的匹配功能，互联网约车、租房、金融等共享经济新商业模式发展迅速。

（6）优化

按照一定的原则利用各种算法对路径、资源等进行优化配置。对优化数据资源有着重要的意义，有利于提高企业的服务水平，有效提升企业内部的效率。不仅如此，还能帮助公共部门节约社会公共资源，进一步提升社会公共服务能力。

二、大数据使用现状与发展趋势分析

（一）大数据技术应用领域

现阶段，大数据技术已经广泛应用在各行各业中，很多国家将大数据和人工智能技术相结合，使得这两项技术的优势充分发挥出来。我国当前的大数据技术发展迅猛，应用广泛，在信息管理、企业管理、电子政务、金融、制造、科研、教育、能源等各个领域发挥着重要的作用。以下是大数据技术在我国几个典型领域应用现状的分析。

1. 在工业物联网领域的应用

工业物联网指的是在工业生产过程中所涉及的产品、设备等各项数据的采集和管理。一般来说，工业物联网数据管理采用设备的历史数据处理、运行状态监控等远程管理模式。在工业生产设备长期运行监控过程中，获取的大量数据则是对工业生产企业进行产能分析、设备故障发生概率以及产品合格率检测等主要信息来源。我们通常将这些数据称为工业大数据。采集、预处理、挖掘、分析和储存工业大数据需要一定的条件，首先，充分利用大数据技术中的数据驱动技术，来检测各种设备故障，进一步优化工业生产设备，使其更加科学合理。例如，利用工业大数据技术科学定位和远程监控工业机械，有助于更便捷地计算各工程机械设备的工作时间，并对各工程故障进行预警。北方重工企业和上海隧道工程企业不仅有效应用了工业大数据技术，还加强了与高校之间的合作，对盾构挖掘机实行远程监控与故障预警。此外，在风力发电与钢铁等行业中，工业大数据也发挥着重要的作用，对行业的设备进行能耗分析，监控设备的运行状态。

2. 在用户画像中的应用

网络信息时代，人们花在手机上的时间越来越多，各种各样的手机客户端纷纷涌现，包括视频平台、音乐平台、咨询平台以及购物平台等。例如，人们在使用手机购物平台时，选择商品就相当于做消费者数据填空题，利用大数据技术中的数据挖掘技术，购物平台能够分析用户的购物类型，当用户下一次登录该购物平台时，根据用户之前购买的商品，平台终端会推送类似的商品。使用其他平台应用也是如此，利用数据挖掘技术，挖掘并记录用户习惯，进而推送相关信息。据此可知，根据用户对应用平台的应用习惯，大数据技术中的数据挖掘技术可以对用户进行“画像”，以便推断用户年龄、性格、爱好以及消费等级等各项信息。不仅如此，通过数据挖掘技术，还可以科学判断用户的人口属性、兴趣、特征、资产情况、消费特征、常驻城市以及位置特征等信息，使画像更全面。

3. 在医疗领域的应用

大数据技术在推动医疗事业发展中也发挥着重要作用。充分利用大数据技术中的数据分析技术以及数据挖掘技术，能够有效提升医疗行业的生产力，不断改进医疗行业的护理水平，为医疗事业的发展提供不竭动力。现阶段，我国医疗领域应用大数据技术的现状概括为以下两点：第一，大数据技术促进各种疾病的科学分类与总结，建立健全相应的专家库系统，有效提升医务人员的工作效率，降低患者就医过程中的成本，减轻患者的身体伤害。第二，医生利用大数据技术远程控制病人的治疗过程，可以在一定程度上降低患者住院率，使资源得到最优化的配置。

4. 在教育领域的应用

随着科学技术的发展和教育改革的不断深化，教育领域的大数据技术应用越来越广泛。现阶段，我国教育领域内大数据技术的应用主要体现在以下三方面。首先，在适应性教学中的应用；其次，在教学规律发现中的应用；最后，在校园信息化管理中的应用。例如，Learn sprout 系统借助大数据技术能够科学评价高考备考，及时发现学生学习过程中存在的问题，进行早期干预，帮助学生解决相关问题，在一定程度上提升学生的学习效率与质量。

5. 在生态系统中的应用

大数据在生态系统中也发挥着重要的作用，涉及植被、土壤、海洋以及大气等各种生态数据。这些数据包含着大量的信息，并且非常复杂，传统形式的数据分析和处理技术很难进行分析和处理，所以必须利用大数据技术分析和处理各项生态系统数据信息。例如，在气象观测领域就可以科学利用大数据技术，分析大气数据，将数据分析系统和数据处理算法结合起来，以便精准分析和处理气象数据。

6. 在农业领域中的应用

大数据在农业上的应用主要是指依据对未来商业需求的预测来进行产品生产。对农民来说，主要收入来自种植和养殖，我们知道农产品保存是很困难的，可以利用大数据技术对消费能力和趋势进行报告分析，按照市场需求进行生产，避免产能过剩，导致不必要的资源和社会财富浪费。同时，也促进政府积极发挥政府职能，合理引导农业生产。影响农业生产的最主要因素是天气。通过大数据的分析将会更精确地预测未来的天气。从而帮助农民做好自然灾害的预防工作，帮助政府实现农业的精细化管理和科学决策。例如，云创大数据公司研发了一种土壤探针，目前能够监测土壤的温度、湿度和光照等数据，即将扩展监测氮、磷、钾等功能。该探针成本极低，通过 Zig Bee 建立自组织通信网络，每亩地只需插一根针，最后将数据汇聚到一个无线网关，上传到万物云。

7. 在金融行业中的应用

金融行业拥有丰富的数据，并且数据维度和数据质量都很好，因此，应用场景较为广泛。典型的应用场景有银行数据应用场景、保险数据应用场景、证券数据应用场景等。

（1）银行数据应用场景

银行的数据应用场景比较丰富，基本集中在用户经营、风险控制、产品设计和决策支持等方面。而其数据可以分为交易数据、客户数据、信用数据、资产数据等，大部分数据都集中在数据仓库，属于结构化数据，可以利用数据挖掘来分析出一些交易数据背后的商业价值。

（2）保险数据应用场景

保险数据应用场景主要是围绕产品和客户进行的，可以利用用户行为数据来制定车险价格，根据客户外部行为数据来了解客户需求，向客户精准推荐产品。

（3）证券数据应用场景

证券行业拥有的数据类型有个人属性数据（姓名、联系方式、家庭地址等）、资产数据、交易数据、收益数据等，证券公司可以利用这些数据建立业务场景，筛选目标客户，为用户提供适合的产品，提高单个客户收入。例如，借助于数据分析，如果客户平均年收益低于5%，交易频率很低，可建议其购买公司提供的理财产品；如果客户交易频繁，收益又较高，可以主动推送融资服务；如果客户交易不频繁，但是资金量较大，可以为客户提供投资咨询等，对客户交易习惯和行为进行分析可以帮助证券公司获得更多的收益。

（二）大数据应用发展趋势

大数据行业应用的发展是沿袭数据分析应用而来的渐变的过程。观察大数据应用的发展演变，可以从技术强度、数据广度和应用深度三个视角切入。数据方面，逐步从单一内部的小数据向多源内外交融的大数据方向发展，数据多样性、体量逐渐增加。技术方面，从过去以报表等简单的描述性分析为主，向关联性、预测性分析演进，最终向决策性分析技术阶段发展。应用方面，传统数据分析以辅助决策为主，在大数据应用中，数据分析已经成为核心业务系统的有机组成部分，最终生产、科研、行政等各类经济社会活动将普遍基于数据的决策，组织转型成为真正的数据驱动型组织。中国信息通信研究院调查显示，目前企业应用大数据所带来的主要效果包括实现智能决策、提升运营效率和改善风险管理。在调查中，企业表示将进一步从以下六个方面加大在大数据领域的投入。

1. 大数据安全防护重点将转向综合治理

大数据时代，数据呈现出新的特征，企业出现了新的模式，这些因素都对数据安全防护提出了更高的要求。传统的数据安全防护技术已经很难满足大数据环境下的现实需求了。现阶段，大数据安全防护市场规模还有很大的发展空间，数据安全防护投入也比较少，大数据安全问题，尤其是人为因素导致的大数据安全问题比较严重，因此需要构建大数据安全防护体系。在未来，做好核心数据资产的归集和防护、综合治理体制建设将是大数据安全防护体系的重中之重。

2. 政府大数据将实现精确监管、便捷服务

在国内，大数据从信息化建设逐步转变为数据整合和数据应用。政府部门肩负着保护数据安全和管理数据资产的双重职责，掌握着绝大部分的高价值公共数据。为了进一步提升政府服务能力和运行效率，政府部门应顺应大数据在数字经济和数字政府建设中应用的趋势，充分利用大数据技术，为政府在交通、社会信用、城市大脑、数字政府等方面进行精确监管和服务提供一定的帮助。

3. 金融大数据逐步走向安全高效、创新服务

目前，大数据在金融领域的应用非常广泛。金融监管日益完善，使得“强管控”成为金融大数据的主流应用场景。在未来，金融大数据可以汇集多元多维的数据，推出信用评估、出行服务等创新服务。例如，银行业不断升级个性化服务，做到精准高效，深入分析和解读客户需求，有针对性地进行经营和管理。还可以提供金融反欺诈等新型金融服务，为实体经济的资金融通提供助力。

4. 工业大数据将实现工业设备数据化、应用产品化

工业大数据是以电网和离散型制造业为主，设备故障预测、智能排产、库存管理是目前工业大数据的应用重点。但工业大数据还受一些因素的影响，比如解决方案的成本过高，工业企业的数据意识较弱，工业互联网盈利模式不明晰等，在很大程度上限制了工业大数据应用的快速发展。所以在未来，要针对更精确的

需求，实现从项目到标准产品的转变。

5. 营销大数据将转向直接沟通、精细运营

营销大数据在应用数字技术的辅助下，能够直接连通商户和目标客户，精准推广产品和服务，进一步推动大数据商业化应用。营销大数据实现从“流量营销”向“精细运营”的转变，在到达目标用户时，不仅所用成本更低，而且还更加高效，从而实现了精细化运营，有助于企业实现可持续的商业化变现。

6. 大数据将实现疫情防控全要素、全过程准确监测

在重大公共事件危机管理中，比如埃博拉、登革热、禽流感等，大数据技术起着重要的作用。在新冠肺炎疫情防控过程中，大数据在病毒溯源与分析、疫情监测研判、远程医疗诊疗、疫情预警等方面同样发挥了重要作用。在未来疫情防控中，大数据在监测、排查、救治和预测等方面还会进一步提升准确度，建立健全流行病学数据系统，针对疫情进行全要素、全过程的防控。

三、大数据使用中的主要问题

（一）庞大的信息数据具有迷惑性

随着计算机的不断普及，人们对大数据的研究越来越深入，各个年龄层的人都对计算机有自己的认识与了解。互联网作为一种媒介手段，使得大量的信息数据被高效地应用在各行各业中。计算机整理、上传与共享信息，通过多种途径能够搜寻到相应的信息，不仅搜寻方式多样，而且更加高效。但是，面对数量庞大的数据，计算机难以明辨真伪，在互联网上传播着各种各样的思想观念与价值观念，不良的思想容易给青少年儿童带来不利的影响，甚至对已具备辨别是非能力的成人也会产生一些影响。

（二）复杂的网络容易泄露个人隐私

1. 个人信息被买卖

使用计算机必然会安装各种各样的软件，但是，我们要知道，下载安装陌生软件是存在着一定的风险的，安装软件很可能会泄露个人的信息。现阶段，大部分的软件应用都需要提供个人的真实信息，不然就不能使用该软件。对于一

些不良商家来说，他们常常利用这一点来赚取非法收益，客户在使用相关软件时会输入个人的信息，不良商家将这些信息转卖给他人。很多网络诈骗正是根源于此，骗子能正确地说出自己的信息，使得受害人对其付出信任，最终导致自己受骗。

2. 个人信息被无意泄露

网络交往是大数据时代的常态，但“晒”朋友圈也可能泄露自己的个人信息。在朋友圈发自拍、美食等图片，或与大家分享自己的心情时，个人的住址信息可能会暴露在有心人眼里。他人利用计算机科技分析拍摄图片的背景，推断出图片的拍摄地和发布人所住地址等信息。有时候，在网络中随意点击一个链接，也有可能泄露个人信息。

（三）大数据采集导致的数据“孤岛”

数据采集是数据分析、二次开发利用的基础。但是由于大数据的数据来源错综复杂、种类繁多且规模巨大，而这些有别于传统数据的特点使得传统的数据采集技术无法适应大数据的采集工作，所以大数据采集一直是大数据研究发展面临的巨大挑战之一。大数据面临的采集问题主要集中在三个方面。首先，大数据的数据源分布广泛，造成数据来源错综复杂，同时也导致了数据质量的参差不齐。在互联网、物联网以及社交网络技术发达的今天，每时每刻都有海量的数据产生，数据来源由原来比较单一的服务器或个人电脑终端逐渐扩展到手机、GPS、传感器等各种移动终端。面对错综复杂的数据源，如何准确采集、筛选出需要的数据是提高数据采集效率以及降低数据采集成本的关键所在。其次，数据异构性也是数据采集面临的主要问题之一。由于大数据的数据源多样，分布广泛，同时存在于各种类型的系统中，导致数据的种类繁多，异构性极高。虽然传统的数据采集也会面临数据异构性的问题，但是大数据时代的数据异构性显然更加复杂，如数据类型将从以结构化为主转向结构化、半结构化、非结构化三者的融合。据不完全统计，目前采集到的数据中，非结构化和半结构化的数据占据85%以上的比例。最后，数据的不完备性主要是指大数据采集时常常无法采集到完整的数据，而导致这个问题的主要原因则在于数据的开放共享程度较低。数据的整合开放一直都是充分挖掘大数据潜在价值的基石，而数据孤岛的存在会让大数据的价值大打折扣。数据的不完备性在降低数据价值的同时也给数据采集带来了很大的困难。

（四）大数据存储成本与空间的矛盾

数据规模庞大和数据种类多样是大数据的两大基本特征，而这两大特征的存在使大数据对数据存储也有了新的技术要求。如何实现高效率低成本的数据存储是大数据在存储方面面临的一个难题。大数据的数据规模庞大，需要消耗大量的存储空间资源。虽然存储成本一直在下降，从 20 世纪 60 年代 1 万美元 1MB 下降到现在的 1 美分 1GB，但是全球的数据规模也出现了爆炸式的增长，所以大数据在数据存储方面面临的挑战依然不小。目前基于磁性介质的磁盘仍然是大数据存储的主流介质，而且磁盘的读写速度在过去几十年中提升不大，未来出现革命性提升的概率也小。而基于闪存的固态硬盘一直被视为未来代替磁盘的主流存储介质，虽然固态硬盘具有高性能、低功耗、体积小的特点，得到越来越广泛的应用，但是其单位容量价格目前仍然要远高于磁盘，暂时还无法代替磁盘成为大数据的主流存储介质。大数据在数据存储方面还面临的一个挑战就是存储性能问题。由于大数据的数据种类多样、异构程度高，所以传统的数据存储无法高效处理和存储这些复杂的数据结构，这给数据的集成和整合方面带来很大的困难，因此需要设计合理高效的存储系统来对大数据的数据集进行存储。同时，大数据对实时性的要求极高，本身数据集的规模又十分庞大，所以对于存储设备的实时性和吞吐率同样有着较高的要求。

（五）大数据分析实时处理不相适应

数据分析是大数据的核心部分之一。大数据的数据集本身可能不具备明显的意义，只有将各类数据集整合关联后，对其进一步实施分析，最终才能从这些无用的数据集中获得有价值的数据结论。数据集规模越大，数据集中包含的有价值数据的可能性就越大，但是数据中的干扰因素也就越多，分析提取有价值数据的难度也就越大。所以，大数据分析过程中存在着诸多的挑战因素。传统的数据分析模式主要针对结构化数据展开的，而大数据的异构程度极高，数据集是融合了结构化、半结构化和非结构化三种类型的数据，而且半结构化和非结构化数据在大数据的数据集中占据的比例越来越大，给传统的分析技术带来了巨大的冲击和挑战。目前，非关系型数据分析技术能够高效处理非结构化数据，并且简单易用，正逐渐成为大数据分析技术的主流。但是在应用性能等方面仍然存在不少问题，所以大数据分析技术的研究与开发还需要继续进行。在很多应用场景，数据中蕴含的价值往往会随着时间的流逝而衰减，所以数据处理的实时性也成为大数据分析面临的另一个难题。目前，大数据实时处理方面已经有部分相关的研究成果，但是都不具备通用性。在不同的实际应用中往往都需要根据具体的业务需求进行调整和改造，所以目前大数据的实时处理面临着数据实时处理模式的选择和改进的问题。大数据分析技术和传统数据挖掘技术的最大区别主要体现在对数据的处理速度上，大数据的秒级定律就是最好的体现，但大数据的数据规模往往十分庞大。所以大数据分析在分析处理的速度上面临的挑战也不小。

第三节　大数据的价值

一、大数据价值研究

大数据的价值体现在筛选海量数据，对其进行分析和洞察，从而获得知识，然后在发现知识的基础上发现价值，制定有效的管理方案。

（一）数据间的协同

实现价值的前提和基础就是大数据本身。但现实情况是，数据通常以碎片化的方式散布在不同的数据源中，不同的数据具有不同的角度、不同的侧面、不同的层次，各个数据只能局部反映事物的形态和特征，如果只分析和理解单一数据，就很难了解事物的全貌，不利于开展有价值的决策活动。例如，谷歌利用单一搜索数据源预测流感，虽然开始似乎取得了成功，但最后失败了。由此看来，必须对这些数据进行集成使用，归纳和协同来自不同数据源的数据，把握数据之间的关联性，充分发挥数据间的互补作用，只有这样，在认识事物时才会更全面，才能获得一个整体性的认识。在很多研究领域也证实了数据间协同的价值，比如贫穷预测、消费者偏好预测和产品销售预测等方面。

（二）计算间的协同

大数据有其自身的特殊性，无法直接读取大数据来发现价值，需要对大数据进行计算分析，只有这样大数据才会产生价值。如果数据条件表现为小规模或中型规模，那么就可以进一步提升计算机硬件的性能，从而改变数据处理的能力。例如，利用密集型的计算单元或高性能计算机提升数据的运算能力。然而在大数据环境下，数据增长的速度是很快的，远超计算机硬件更新的速度，直接计算单一大数据源的成本是非常高的，所以传统的小规模并行计算就显得失效，采取流水线作业达成时间上的并行和采取多个处理器达成空间上的并行，这两种方式都无法达到大数据处理实时高效的效果，这就要求在处理大数据时，具备更强的计算能力和更多的计算资源，在进行大数据复杂计算任务时，不断优化分解过程和计算工作流程设计，有效增强大数据计算能力，进一步提升大数据处理水平。

（三）分析间的协同

大数据的管理价值体现在指导管理者制订最优的决策方案方面。一般来说，在管理决策过程中，管理者需要观察、调查和实验管理对象，描述和刻画管理对象的行为特征，揭示行为规律（what），解释行为产生的原因（why），从而预测管理对象的行为变化（when/where），并在此基础上采取适当的行动方案（how），以此来控制管理对象的行为，实现管理目标。

通常情况下，管理决策的过程对应着 4 类分析，分别是描述分析、因果分析、预测分析和决策分析。其中，决策分析发挥着重要的作用，决策分析所确定的正确的行动方案是大数据转化为价值的具体实现，正确的行动方案是大数据实现价值的重要保证。在传统的管理决策过程中，往往将这 4 个方面割裂开来独立地进行分析，割裂的分析方法是非常不科学的，会带来一系列不利的影响，一是不能充分利用各种有价值的数据，二是没有重视分析固有的逻辑联系和耦合机制，导致不能制定全局最优的管理决策。在这种背景下，部分学者提出了从预测分析（predictive analysis）到处方分析或规范分析（prescriptive analysis）的论断，并得到学术界和实业界的广泛认可。相关研究已经表明，相比于传统的先预测需求分布再优化订单量的两阶段模型，大数据驱动的基于处方式分析的机器学习模型在节约成本方面有显著的成效，能够节约23%左右的成本。此外，将需求分布预测分析与动态定价决策分析整合在一个模型中，在产品定价方面发挥着积极的影响。

（四）人机间的协同

人的参与在基于大数据管理的分析过程中是非常重要的。人的参与影响决策的每一个环节，从参与选择数据开始，之后参与决策的过程，参与决策质量的控制，参与分析决策是否有效，贯穿管理的全过程。这就要求将人的智能与机器智能进行相互融合，使大数据支持管理决策更易解释。部分学者指出，依赖于卫星、移动电话等大数据解决世界问题是存在一定不足的，大数据不是灵丹妙药，不能解决所有的问题，大数据算法也可能出现预想不到的结果，缺乏验证、有偏颇的算法、缺乏监管等问题，因此，应该更加重视在大数据应用中发挥人的作用。

在大数据分析过程中，现阶段机器智能的能力难以对数据集挖掘出新的模式进行高层次的语义理解。例如，在数据选择阶段，如果你在收集不知道如何解释的数据，那就是在搬起石头砸自己的脚。为了增强数据的预测能力，部分研究人员采用众包方式来选择数据；为了提高文本语义理解的质量，有的研究人员使用众包的方式来标注数据主题；还有研究人员验证了众包标注社会媒体传播中的消息质量能够有效抑制假消息的传播。不仅如此，人在很多方面的能力是机器智能所不具备的，比如主观经验、直觉、洞察力等方面，特别是在求解非预见未知条件下的问题，人的这些特质发挥着重要的作用。由此看来，人机协同能够将机器智能和人的智能的互补性优势充分发挥出来，进一步挖掘出大数据中隐藏着的更大的信息价值。

二、大数据应用价值

（一）大数据的时代价值

大数据作为一种数据集合有着典型的特征，表现为容量大、类型多、存取速度快、应用价值高等，大数据的发展速度是非常快速的，对数量巨大、来源分散、格式多样的数据进行采集、存储和关联分析，从中发现新知识、创造新价值、提升新能力等，大数据俨然已经成为新一代信息技术和服务业态。

2012 年 5 月，联合国发布了《大数据促发展：挑战与机遇》白皮书，针对互联网数据推动全球发展这一问题进行了探讨分析。大数据是数字化时代的新型战略资源，其应用对国家治理和经济社会发展的作用巨大。大数据发展战略已成为世界主要国家的新兴战略，各国科技界、产业界和政府部门极为关注，它已经成为全球高科技产业竞争的前沿领域。发达国家更加重视大数据的发展，将开发利用大数据作为夺取新一轮产业竞争制高点的重要抓手，同时将发展大数据提升到国家战略层面，这也就导致大数据思维和理念正在成为全球战略思维的新常态，在新一轮的产业革命中，发达国家纷纷提出大数据战略。

（二）大数据的社会价值

1. 保证社会的稳定性和健康发展

大数据分析技术发挥着重要的作用，一方面能够有效提升整个数据处理过程的智能化程度，另一方面还能从大量的数据中快速、准确地获得自己所需要的数据信息。大数据技术的应用在一定程度上提高了我国社会对各种信息的包容性，有利于我国社会的健康发展，是我国社会稳定的重要保障。

2. 促进社会主义事业的发展

在应用大数据技术的过程中还要注意确保社会发展的各项成果能够让社会所有的民众共同享受，以此来实现全体民众享受发展成果的目标。在当前大数据时代中，政府、企业以及公众可以借助大数据的电力生物生态链等模式，提升生活贫困群体的生活水平，帮助他们摆脱贫困，促进社会的整体发展，进一步提升人民的生活水平，实现共同富裕的目标，从而推动我国社会主义事业的发展。

3. 提高政府部门的公信力和自我监督能力

对于政府部门来说，可以充分利用大数据提高服务的效能，避免出现一些因隐瞒信息而导致普通民众的需求无法得到满足的情况，能够更加科学地分析普通民众的实际生活状况，从而准确把握普通民众的各种需求，能够为符合民众渴求的合理惠民政策的出台提供真实、准确的现实基础和数据信息，能够针对普通民众遇到的各项社会问题，及时给予解决，进一步提升政府部门的公信力。

政府部门利用大数据技术能够实时、准确的监督部门内工作人员的行为，对工作人员失职、渎职等违法乱纪的行为进行监督，避免出现损害普通民众利益的情况，在维护政府的执政能力和威信力等方面发挥积极的作用，使政府部门能够进行自我监督，同时进一步完善社会的监督体系与相关制度。

（三）大数据的产业价值

1. 提高处理信息数据的效率

对于企业以及其他的组织与机构来说，要想从采集的各项信息数据之中获得更多的价值和效益，就必须从已经完成处理流程的大数据分析出发，由此看来，效益也是大数据的核心要素之一。保证大数据拥有比较高的效益性是非常重要的，有助于增强社会各大群体的体验感受，同时协助各种机构与部门形成健康良好的发展。在当今社会，电子商务的发展速度是非常快的，人们的日常生活已经离不开电子商务，电子商务影响着信息流、物流、资金流的发展。不仅如此，许多新兴行业的兴起和众多行业的发展与电子商务的发展也存在密切的关系，从这一层面来看，企业以及相关的组织与部门所要处理的信息数据的数量是非常庞大的，因此，企业以及相关的组织与部门必须提升处理信息的速度，这就给大数据分析技术的应用创造了广阔的空间。

除此之外，利用大数据技术还可以整理地方的基础设施资源，在一定程度上提升物联网的大数据应用业务的性能。同时，大规模、高效率地推动信息技术设备以及人工智能技术的发展，进一步提高物流网的运转效率，大大降低了物流企业的业务成本。

2. 推动产业转型升级

大数据引起的创新促进知识经济、网络经济的快速发展以及新经济模式的兴起。而新兴经济模式中信息化和智能化的广泛应用有利于推进产业融合。大数据应用有利于推动产业转型升级。尽管近年来我国企业的生产管理水平不断提高，但仍然存在较多的不足，在生产和管理过程中精细化、精准化程度不高，没有深入细化到全行业产业链的各环节来提升生产管理水平，不同产业、企业之间，乃至同一产业、企业内部的不同子系统之间的联系不够紧密，造成各种资源浪费，没有实现生产的规模效应，达到产业发展、企业生产的效益最大化。例如，就制造企业来说，企业生产管理销售全流程的数据涉及的内容是很丰富的，既包括经营及运营数据、客户数据、产品相关的设计、研发和生产数据、机器设备数据等内部数据，还包括社交数据、合作伙伴数据、电商数据以及宏观数据等外部数据。当前，围绕业务流程改进和提升，企业对内部信息数据的利用相对较多，开发利用的外部数据相对来说比较少。对大部分企业而言，当前并没有打通内外部数据，也没有整合自己的内部数据，使得内部数据不够标准，仍然存在信息孤岛现象。大数据时代的到来，大数据的推广应用，从产品设计和研发开始，利用大数据非常直接地对接消费者，可以赋能企业生产全过程。

数据产业指的是开发利用网络空间数据资源所形成的产业。数据产业链涉及多种业务内容，主要涵盖了从网络空间获取数据并进行整合、加工和生产，数据产品传播、流通和交易以及相关的法律和其他咨询服务。随着数据的增长，人类的能力在不断提高。如今，人类可以通过卫星、遥感等手段监控和研究全球气候的变化，提高气象预报的准确性和长期预报的能力；通过对政治经济事件、气象灾害、媒体 / 论坛评论、金融市场、历史等数据进行整合分析，发现全球市场波动规律，进而捕捉到稍纵即逝的获利机会；在医疗健康领域，通过汇总就诊记录、住院病案、检验检查报告等，以及医学文献、互联网信息等数据，可以实现疑难疾病的早期诊断、预防和发现，从而制定有效治疗方案，监测不良药物反应，对医学诊断有效性进行评估和度量，防范医疗保险欺诈与滥用监测，为公共卫生决策提供支持，所有这些都是数据资源开放利用的结果。

第二章 会计信息化理论综述

会计信息化指的是利用计算机、网络等信息技术，获取、加工、传输和应用企业的会计相关信息，目的是为企业的生产经营和控制决策等提供充足、实时、全方位的信息。本章主要内容为会计信息化理论综述，详细地论述了会计信息化的发展历程、会计信息系统与 IT 平台、面向企业应用的会计信息系统。

第一节 会计信息化的发展历程

一、会计信息化的产生条件

（一）外在因素

1. 知识经济是会计信息化产生的外部条件

知识经济是以知识和信息的生产、分配和使用为基础的。企业会计利用先进的计算机、网络、电子商务等信息技术，对传统会计进行改造是符合时代发展要求的，有助于提高财务信息处理与输出的速度，在一定程度上提升财务信息的质量，不仅有助于会计的生存和发展，而且还能满足知识经济对财务信息的要求。

2. 企业信息化是会计信息化产生的外在动力

企业信息化对会计信息化的影响主要体现在两个方面，一方面，会计信息系统是企业管理信息系统的重要组成部分，会计信息系统产生的信息约占企业信息的 70% 左右。所以说，企业信息化的核心内容就是会计信息化，会计信息化有助于促进企业信息化建设。会计信息化建设是企业信息化建设的重要环节，只有实现了会计工作的信息化，企业管理的信息化才有实现的可能。另一方面，企业信息化的发展对未来会计信息化有明确的要求，要求会计信息系统具有一定的开放性，通过网络技术能够发送和接收信息，实现内外数据的共享，同时，为其他相关的部门、行业提供综合的信息服务。但现实情况是，当前运行的大多数会计信息系统都没有达到要求，为此，必须加快会计信息化建设，才能推动企业信息化的进程。

（二）内在因素

1. 会计信息失真等现实问题是会计信息化产生的直接原因

会计信息失真会带来一系列不利影响，对国家来说，在制定各项经济政策时缺少真实、可靠的客观依据；对企业来说，内部管理者不能正确认识资金总量和财务成果表现出来的清偿能力和变现能力，影响企业的经营决策行为。而会计信息化就能够提升针对性和有效性，有效地解决这些问题。

2. 现代信息技术与传统会计模型之间的矛盾是会计信息化产生的内在因素

在信息社会背景下，社会经济环境发生了一定的变化，信息处理技术也在不断推陈出新，会计为了顺应时代发展潮流，就必须做出相应的改变，只有做出符合社会需求的反应，才能推动社会经济的发展、推动文明的进步。传统会计模型诞生于工业社会，适用于工业社会的经济环境和手工信息处理技术。现代信息技术已经发生了很大的变化，传统会计模型的处理程序和规则已经难以适应现代信息技术的需求，也无法满足信息社会对会计核算、管理、决策的要求。

二、国内外会计信息化发展演进

（一）国外会计信息化发展历程

1. 会计数据单项处理阶段（20 世纪 50 年代）

这一阶段是会计信息化的起始阶段。美国通用电气公司在 1954 年启用计算机计算职工工资，使得电子计算机真正应用到了会计领域。但当时计算机价格比较昂贵，设计的程序也比较复杂，掌握计算机技术的专业人员很少，导致计算机在会计领域的发展非常缓慢，只在工资计算、库存收发等数据处理量大、计算简单而重复次数多的经济业务方面使用计算机，但也在一定程度上提高了这些经济业务的效率。

2. 会计数据综合处理阶段（20 世纪 50 年代至 60 年代）

计算机技术不断发展，出现了操作系统，也出现了高级程序设计语言，计算机在更多领域被广泛使用。计算机处理会计数据也有了很大的发展，开始从单项处理向综合数据处理转变，几乎能够完成手工簿记系统的全部业务。在这一时期，开发出了会计软件系统，这一系统具备相应的反馈功能，能为基层和中层管理提供信息，但各种功能之间还未实现共享。

3. 会计数据系统处理阶段（20 世纪 70 年代）

这一时期计算机技术发展迅猛，相继出现了微型计算机、网络技术和数据库管理系统，使数据资源共享成为可能，形成了应用计算机的企业管理信息系统。企业管理全面应用计算机，在企业数据库中可以储存和共享整个企业的生产经营成果。会计信息系统在企业管理信息系统中发挥着重要的作用，在一定程度上提高了会计工作效率和企业管理水平。

4. 会计信息化普及阶段（20 世纪 80 年代至今）

20 世纪 80 年代，微电子技术发展较快，在社会各个领域都能找到微型计算机的身影，使得信息革命成为新技术革命的主要标志和核心内容。微型计算机不仅受到了大、中型企业的欢迎，也受到了小型企业的青睐。国际会计师联合会于 1987 年 10 月在日本东京召开了第十三届世界会计师大会，在这次会议中讨论了“计算机在会计中的应用”，这也意味着在全球范围内，会计信息化进入了一个新的发展阶段。美国、日本及西欧各国已较为普遍地实现了会计信息化。

欧美会计软件的应用非常普及，已融入 ERP（企业资源计划）系统中，据估计有百余种 ERP 软件在市场上流通。概括起来，欧美 ERP 软件的基本状况如下。

（1）专用软件和通用软件并存，相互补充。专用软件是结合使用单位具体情况定点开发的软件，它能很好地适应使用单位的实际情况，但开发周期长，开发成本高。大型企业和特殊行业一般都应用专用软件，而通用软件投入使用较快，价格较低，主要应用于中、小型企业。

（2）软件市场竞争激烈。除了从事 ERP 软件研发的公司（如 SAP、Oracle 等）

外，许多大型企业集团都有自己的软件公司，为本公司内部各部门和分公司服务，同时还承接其他单位的软件开发项目。有些公司已建立了全球性或区域性的销售与服务网络。

（3）软件的开放性不断增强。可以应用于不同的软硬件环境。不仅可以在微机和局域网上使用，而且可以在 Unix、Windows 大、中、小型机和广域网上运行。

（4）软件规范引起重视。对软件的标准化和规范化都很重视。国际会计师联合会分别公布了多项有关会计信息系统的“国际审计准则”

（5）财务、业务一体化管理（事件驱动）。传统会计流程下的数据处理方式是功能驱动的，对各项会计核算业务按照账务处理的功能模块顺序完成。业务活动发生后，在人工干预下，遵循一般会计处理准则，采用相应的会计方法进行事后处理，并输出最终结果。这种属于事后核算，从中看不到每项经济活动发生、执行与完成的全过程，不利于管控。

事件驱动的会计信息系统则按照多种可供选择的会计处理程序和方法，在执行业务事件的同时，实时触发事件驱动程序，从共享数据库中实时采集相关数据形成原始凭证，通过账务处理自动生成会计凭证、账簿、报表等，使物流、资金流、信息流同步，从而有利于企业对业务和信息的管控。

（二）国内会计信息化发展概况

1. 会计电算化阶段（1978 年—1998 年）

改革开放初期，我国就已经开始推行会计电算化了。1979 年，政府将长春第一汽车制造厂定为我国第一家会计电算化试点单位，并提供了 560 万元的财政支持，工厂又用这笔钱从东德买来一台 EC-1040 计算机以实行电算化会计。这台机器在当时主要作为做工资的会计的辅助帮手。1981 年，工厂又和中国人民大学联合主办了“财务、会计和成本应用计算机学术研讨会”，在这场会议中，“会计电算化”被首次提出，这个概念是作为原本计算机技术在会计工作中应用的替代，也是我国首次确立“会计电算化”的概念。1982 年，由国务院牵头成立了计算机和集成电路领导小组，其目的就是在全国推广计算机的应用，首先在一些沿海发达城市进行试点工作，比如北京、上海、广州等。从1984年之后，中国人民大学多次组织研究生为北京、石家庄的部分企业进行会计应用软件的开发，这些开发的软件可以帮助企业进行账务处理、报表编制、会计核算等工作。1987年，财政部颁布了《关于国营企业推广应用电子计算机工作中的若干财务问题的规定》，其中提出了从提倡发展基金和严格管理成本支出两方面促进会计电算化的发展。1988年6月，财政部科学研究所主办了首场关于全国会计电算化学术研讨会，会议在河北的承德举行，这次会议的重要结论是对会计电算化的通用化和商业化的肯定，会计电算化通过这次会议有了发展的方向。这一年8月份，中国会计学会举办了一场学术研讨会，专门针对会计软件的实际运用提出了合理化建议。会计电算化在我国的推行中，社会各界人士都贡献了自己的力量，为会计电算化的快速发展提供了理念、制度和人员上的准备。在会计电算化的教育和科研方面，也取得了一定的进步，在1984年，我国首次出现了会计电算化的研究生招生，招生单位是财政部财政科学研究所，这算是会计电算化在高等教育上的一大突破。1987年11月，中国会计学会正式成立会计电算化研究小组，其理论研究引起业内人士的广泛重视，中国的会计电算化在高等教育领域正逐渐发展成熟。

会计电算化在我国的发展越来越广泛深入，同时对其规范和管理的需求也显现出来，因此各地区和各部门也对电算化的工作组织和管理开始施行。从1989年开始，财政部就对会计电算化开始进行宏观上的管控，为了更好地管理，在政策上颁布了一系列的管理制度，比如《会计电算化管理办法》《会计电算化工作规范》等，这些规范和制度让会计电算化的市场也逐渐成熟起来。在20世纪90年代，我国推出了"两则""两制"，并且制定了会计电算化初级上岗证的制度，要求有证才能上岗从事电算化的工作，另外，全国开始了大范围的会计大培训，这些举措也促使会计电算化在我国得到迅猛的发展。除了会计电算化的事业发展，其在研究领域也出现了进步，比如说有的学者很早的时候就阐明了电算化会计系统的设计要经过系统分析、系统设计、系统实施及系统运行与维护四个阶段的生命周期法，并指出作为一个完整的会计信息系统应该包括会计核算系统、会计管理系统和决策支持系统三个子系统。

2. 会计信息化阶段（1999 至今）

1999 年 4 月，会计信息化理论专家座谈会在深圳举办，在这场会议中，参加会议的专家针对“会计电算化”与“会计信息化”叫法这个问题展开了讨论，最后一致通过了“会计信息化”这个概念。这也是“会计信息化”首次被明确地提出来。之后我国由于实行市场经济体制，并且市场发展越来越完善，因此，会计信息化管理最一开始是由政府管理，后来逐渐交到行业协会的手中，管理更加专业规范。随着技术的发展，软件生产厂家开始生产专门针对企业管理的会计软件，一些大型的财务软件公司也开始向 ERP 转型。尤其是进入到 21 世纪之后，会计软件系统在互联网应用技术的推动下逐渐发展成管理型网络化的会计信息系统，这种技术的发展也使得财务业务更加一体化。

2008 年 11 月 12 日，财政部成立了中国会计信息化委员会暨 XBRL（可扩展商业报告语言）中国地区组织，这一组织的成立不仅促进了我国市场经济的健康发展，而且提高了我国在国际资本市场会计信息化方面的国际影响力，是我国会计信息化发展史上一个具有里程碑意义的事件。2009 年 4 月，财政部发布了《关于全面推进我国会计信息化工作的指导意见》，对未来十年的目标和任务作出指示。2013 年 5 月 29 日，财政部又颁布了《企业会计准则通用分类标准编报规则》，这一规则中对 XBRL 技术十分推崇，对这项技术在中国的应用起到推动作用。2013 年 12 月 6 日，财政部将《企业会计信息化工作规范》重新修订并发布，这一举措更加推动了企业会计信息化的发展，也促进会计工作的信息化环境更加规范。2017 年 5 月德勤会计师事务所联手 Kira Systems 公司推出财务智能机器人，将人工智能引入会计、审计等工作中。财务智能机器人的出现，标志着会计工作正从“信息化”向“智能化”转型。

从 2008 年至今，互联网、物联网、电子移动通信、智慧地球、云计算和大数据等技术的应用，不仅推动了网络时代的发展，还加速了知识经济时代的到来，同时使会计信息化步入了以规范化、知识化、互联化、智能化、标准化、产业化、云化、社会化为主要标志的会计信息化第三次浪潮的变革时代。

三、会计信息化的未来发展趋势

（一）向综合化方向发展会计信息化

1. 综合分类会计信息化的发展

会计工作在现实的工作中包含了多方面的内容和信息，因此，这项工作的流程十分复杂，所以，对会计信息化进行研究的时候会将性质相似的会计信息化分支进行归类研究，也就是说会计信息化的发展体系被划分成不同的学类，这样有利于将会计工作简化。将不同分类的会计信息化进行有效整合是未来发展的新趋势，可以有效保障会计信息化的发展质量，通过近几年的发展与成效来看，分类后的会计信息化发展综合趋势有了非常明显的效果。

2. 综合会计信息化的发展比较

怎样保障会计信息化发展的质量是人们一直思考探究的问题。经过多年的实践经验，将那些性质相近的不同门类的会计信息化发展进行比较研究是一种有效的办法。比较研究性质相同或者相近的多门会计信息的发展其实与把管理会计的信息化发展同预算会计的信息化发展的比较研究相似。在现实的发展过程中，不同门类的会计信息化发展的比较研究具有非常重要的意义，这样的比较研究有利于促进会计信息化向综合化方向发展。

3. 综合全部会计信息化的发展

会计信息化本身就是一种具有代表性的理论，具有独特性，同时也是对会计工作的高度概括。会计信息化发展到今天，我们对其研究应该将所有的相互关联的发展分支学看作一个整体，从整体的角度来研究，研究的内容包括其在知识经济条件下的方法体系、发展规律与趋势、理论体系等。会计信息化的发展已经成为会计工作理论的综合体，所以，对于会计工作理论可以用会计信息化来概括，这样不仅可以保障会计工作的质量，而且也促进了会计信息化的发展。

（二）向智能化方向发展会计信息化

1. 处理全程自动化

从财务会计的角度来看，会计的记账凭证到财务报告的流程中基本上已经实现自动化，但是自动化并没有全面覆盖整个流程，比如从原始凭证到记账凭证、从财务报告到财务分析报告的流程还是采用比较传统的流程。但是，全流程的自动化才是真正的自动化，所以会计信息化未来的发展目标就是将会计的流程全部自动化。

2. 处理平台云端化

云端是一款软件平台，采用了应用程序虚拟化技术，其功能复杂，包含搜索、管理、下载、备份、使用等。我们在现实生活中使用的所有的软件都可以通过云端封装在独立的虚拟化环境中，这样的作用是为了避免应用软件和系统产生耦合。会计信息化的工作就可以引用云端的技术，这样能够保障会计工作更加安全、高效。

3. 操作终端移动化

处理财务的事务在以前只能在机房里使用固定的终端电脑或者机器，但是这种情况让财务事务的处理失去了灵活性，降低了工作的效率，因此财务的工作处理未来的发展方向就是能够在手机或者更加先进的智能穿戴设备上处理。但是这种应用依靠现在的技术可能出现不同终端的不兼容等问题，这种不兼容可能出现在应用软件上、硬件上、系统上等等，也可能不能保障数据库的安全性，所以，这些问题的解决也是今后会计信息化发展中的目标。

4 业财深度一体化

业财一体化是指将企业中的财务会计流程、业务流程以及管理流程进行有机融合，并且在设计的过程中将计算机的“事件驱动”概念加入进去，这样就能构建基于业务事件驱动的财务一体化信息处理流程，也就将业务和财务的数据整合成一个整体了。目前，ERP 已经达到了业财一体化的水平，但是究其工作的本质和实践，财务凭证和报表是各做各的，两者之间并不是一个整体的工作，尤其是管理制度和流程都没有进行融合，所以，今后的会计信息化的工作也要将这些问题解决。

第二节　会计信息系统与IT平台

一、信息系统融入会计管理

（一）信息系统的功能划分

信息系统（information system）是以信息基础设施为基本运行环境，由人、信息技术设备、运行规程组成的，以信息为处理对象，进行信息的收集、传递、存储、加工，辅助组织进行各项决策的人机相结合的系统，即“人＋信息技术设备＋运行规程”模式。

信息系统的基本功能有以下几种。

第一，数据的收集和输入。这一功能就是将收集上来需要处理的原始数据集中在一起，然后根据信息系统的需要转化形式，输入到系统中。

第二，信息的存储。当数据进入到信息系统之后，还需要将信息进行加工和整理，直到成为人们需要的有用的信息。然后信息系统再将这些有用的信息进行存储和保管。

第三，信息的传输。信息的使用离不开信息的传递，信息系统将人们需要使用的信息迅速准确地传递给各个使用的部门。

第四，信息的加工。信息系统可以对数据进行查询、计算、排序、归并等形式的加工。

第五，信息的检索和分析。按照使用者的需求，信息的搜索和分析功能将信息查询出来，然后利用相应的模型和方法，比如预测模型、决策模型、模拟模型等，将需要呈现给使用者的信息经过分析变得更加具有针对性，满足人们的真实需求。

（二）会计信息系统的研究

1. 学界对会计信息系统的解释

美国会计学会（AAA）在1966年的时候出版了一本名叫《论会计基本理论》（A Statement of Basic Accounting Theory）的书，书中对会计的解释是一个信息系统，并且指出“会计是为便于信息使用者有根据地判断和决策而鉴别、计量和传输信息的过程”的说法。另外国外对会计的信息系统的定义也有一定的研究，美国的学者鲍德纳在2002年撰写的《Accounting Information System》一书对会计信息化解释为：会计信息系统是基于计算机的，将会计数据转换为信息的系统，这个解释是比较权威的，并且后来被广泛地应用。

会计信息系统（Accounting Information System，AIS）属于企业资源计划系统也就是ERP的子系统，这个子系统的功能就是用于收集、存储、传输、加工会计数据，输出会计信息。其中，收集原始凭证等于获取会计信息的过程；会计信息进行分类就是设置科目；填制记账凭证和记账处理就是将原始的会计信息整合成更加整洁有序的会计信息，同时将这些信息进行传递和存储；账簿和报表的查询属于综合的会计信息输出。会计活动的每一个环节都是相互关联着的，不能打乱也不能漏错每一个环节，这也是会计信息有序化的发展结果。

会计信息系统的目标是为各级管理人员提供管理和决策的依据，正确、及时、完整、全面地记录和反映会计主体经济活动的客观情况。如各种资产的增减变动情况，负债的取得和清偿情况，营业收入和成本费用的发生，利润的形成和分配情况等。

会计信息系统在组织管理信息系统中十分重要，随着技术的进步和对会计理论的不断完善，会计信息系统应运而生，这是一种信息技术和会计理论有机融合的信息系统。这个系统的功能和优势就是能从其他的子系统中获取信息。

会计信息系统本身是一种人机结合的系统，这种系统功能组成就是会计信息的会计核算、账务会计信息系统，该系统的运行技术就是对计算机的运用，会计信息系统的基本构成元素包括硬件资源、软件资源、信息资源和会计人员等。

其中，硬件资源主要指的是计算资源和存储资源。在会计信息系统中，硬件资源即输入设备、处理设备、存储设备、输出设备、网络设备；软件资源，主要包括系统软件和应用软件，其中系统软件包括网络操作系统、数据库管理系统，应用软件包括会计软件及报税、网络、办公等软件；信息资源，会计规范就是一种十分重要的信息资源，这种规范能够帮助会计信息系统正常规范运行，并且具有自我控制的功能。适用的制度包括硬件管理制度、数据管理制度、会计人员岗位责任制度、内部控制制度、会计制度等。会计规范在数据文件和纸张文件中都可以保存，会计人员指的是操作会计软件出具财务信息的人员。

我国的会计信息系统来源于计算机会计，计算机会计的起源时间为20世纪70年代后期。最早的会计为手工财务会计，发展到今天的会计信息系统，会计工作的发展也随着时代的变迁而不断进步，紧跟时代的潮流，适应当时的时代，今天更是互联网时代催生出的会计信息系统，同时这时候的会计信息系统也是多门学科的综合运用，所以使用的范围更加广泛，普及的程度也更高。企业的财务管理中，会计信息系统是最重要的系统，可以处理公司内最重要的经济信息和会计信息，将公司的运营情况更加真实和详细地披露出来，针对各种披露的问题进行控制解决，及时纠正错误。

2. 会计信息系统的提出与发展

会计信息系统是一门跨学科系统，在专业理论、方法和实践方面都有一定的功能，所以被广泛应用于企事业单位，会计信息系统将企业的经营情况更加严格、系统和全面地反映给使用者和管理者，同时也能起到监督的作用，这些披露的信息和问题也可以为企业的管理者提供决策上的依据。在现代科学技术的背景下，会计信息系统就是以计算机为主要的工具，收集各种会计数据信息，然后再将这些信息储存起来，并且也可以将这些信息进行处理分析，完成会计核算，为管理者和财务人员提供会计管理、分析和决策等相关的会计信息，这其实也就等同于计算机管理信息系统，将会计数据转化为会计信息，是企业管理信息系统的重要组成部分。

我国最早应用会计信息系统是在20世纪80年代，当时是由企业自发构建起的系统，之后有专门的财务软件比如用友、金蝶等陆续出现并应用到企业中，促进会计电算化的发展与完善。直到90年代后期，这种传统的会计运算已经跟不上当时企业的发展，各种问题弊端显露出来，这种单一的会计核算功能难以应付企业复杂的财务计算应用情况，企业更加需要除了记账和报表输出的这种基本功能外更多复杂的功能，相关业务收益和成本等各方面也都需要一个更加全面的会计信息系统。基于这种需求，传统的财务软件向着ERP等高度集成化软件发展，随之，国内的软件厂商也向着ERP厂商逐渐转型。

大数据时代的来临，会计信息系统已经满足网络性、即时性和共享性的要求，开始向着管理会计信息系统阶段发展。当前，国内在会计信息系统方面的研究十分热门，有很多相关的文献研究和专著发表，这些新的文献对会计信息系统的发展提出了新的要求。有专家认为，现代信息技术在管理会计上的应用其实就是企业管理会计信息化的体现，构建起管理会计信息系统的基础应该从业务、数据等架构上进行建设。另外，专家的研究也针对其法制化的建设方面，认为会计信息系统的法制化建设迫在眉睫，建设的路径包括专门会计立法和制度建设、加强会计法制文化的培养等。会计信息系统的发展也应该与时俱进，为了满足日益激烈的企业竞争，会计信息系统的建立不仅需要符合市场经济条件进行发展，还应该结合计算机及网络特点调整部署。

我国的会计信息系统的发展总体上分为五个阶段，分别是自发发展、稳步提升、竞争提高、财务共享服务和数智化转型。

（1）自发发展（1983 年至 1987 年）

计算机自诞生之日起就备受关注，计算机技术在多年来一直不断发展更新，人们对其认识也逐渐加深，计算机的性价比也不断提高，尤其是在这个时期计算机开发应用掀起了热潮。在教育方面，国内的很多高等院校设置了计算机相关专业，培养了很多计算机软件开发和硬件应用的人才。同时在社会市场上，企业和各个单位也将计算机软件的开发放在发展规划中，将本企业或单位适用的软件及应用程序开发出来。虽然这个时期计算机的发展十分迅速，但是会计信息系统管理工作还面临着一些问题，最主要的是在宏观上国家没有给予统一的规范和指导，并且一些企事业单位虽然着力开发自己的会计信息系统，但是没有建立相应的组织管理制度和控制措施，再加上各单位的会计信息系统的软件开发都是“各自为政”，互相很少进行信息沟通合作，因此会出现很多同类型低水平的软件系统，这是一种资源浪费的现象。

这一阶段的会计信息系统的发展特征是：电子计算机在社会经济领域的应用逐渐开展，但在理论基础方面却并不成熟，并且缺乏相关人才，开发的系统管理能力有限，会计信息系统软件的功能不完备，重复开发现象普遍。

（2）稳步提升（1987年至1996年）

这一阶段，会计信息系统的发展开始逐渐成熟起来，在宏观上，国家在法制方面加大了约束和规范的力度，先后颁布《会计核算软件管理的几项规定》《会计电算化管理办法》等规定，使得会计系统软件不再盲目地开发，并将开发的质量提高。同时，企业和各个单位也逐渐走上了规范发展的道路，为未来的发展制定出有计划、有组织和有目标的发展之路。另外，专业化的软件开发公司也不断地改革自己的发展模式，加强企业的管理，吸引更多的计算机人才，并将企业的资源整合开发，以市场需求为导向，开发出符合市场发展的软件，也将会计信息系统的整体功能提升上去。

这一阶段的会计信息系统的发展特征是：国家和行业以及企业三个层面的战略规划进一步明确，也逐渐引导会计信息系统走上健康的可持续发展之路；专业化的软件市场经过萌芽并且不断发展，未来软件产业化发展是一个明确的方向；会计信息系统的标准、制度和管理规范也逐步发展完善起来。

（3）竞争提高（1996年至1999年）

加快信息系统在应用方面的工作得到深入的推进，为了增强自己的竞争力和市场占有率，很多专门的软件公司将自己研发的会计信息系统在功能方面进行拓展，这种发展趋势带来了两种发展方向，一种是针对大型的企业集团，这些实力雄厚的大型企业对会计信息系统软件的质量要求更高，追求高、精、准的系统特点，所以，为了满足自己的需求，大企业往往会选择和专业的软件公司进行合作，联合开发出具有特定需求的会计信息系统软件；另一种是针对中小企业，中小企业的软件需求往往更加偏向通用型，所以企业可以直接到软件市场选择那些已经被开发出来的会计信息系统。

这一阶段的会计信息系统的发展特征是：会计信息系统应用的基础工作越来越扎实，管理制度和发展规划越来越明确；会计信息系统软件的开发更加成熟，呈现出通用化、专业化、集成化、决策一体化的发展趋势，随着激烈的市场竞争会计信息系统软件也不断完善和提高。

（4）财务共享服务（2000年至2019年）

财务共享服务是由美国的学者提出来的，在这一阶段，财务共享服务经过不断地演变已经成为以信息技术为依托，以业务流程处理、降低成本和价值创造为基础的财务管理模式。其中，我国建立起中兴通讯财务共享服务中心，财务共享服务进入了发展的新阶段。中心的建立给财务共享带来很大的优势，既可以降低综合成本，又能够提高工作效率，随着财务共享服务中心的不断完善，越来越多的企业都开始加入建立和应用财务服务共享中心的行列。

这一阶段的会计信息系统的发展特征是：财务共享服务中心促进“业财融合”的发展，其产出的内容多为 ERP 应用，因此呈现出 ERP 财务模块、ERP 非财务模块和 ERP 外围辅助业务系统综合的趋势。

（5）数字化转型（2020 年至今）

随着时代的发展，各种新技术和新概念层出不穷，5G、大数据、人工智能、移动互联网、云计算等各种技术水平不断提高，财务会计已经进入数字化时代。数字技术的应用使得会计信息系统的效率和质量均得到提高，促进了会计数字化的转型发展。财务数智化是一项综合性技术，其核心是“实时会计、智能财务”，这项技术可以满足企业财务管理信息化、数字化、智能化和专业化的需求。在 2020 年 5 月，我国 17 部委联合发起“数字化转型伙伴行动”的倡议，并且推出了数字化转型评估服务，这项服务可以帮助企业诊断其转型过程中出现的问题，还可以保障财务会计的数智化转型畅通道路。

这一阶段的会计信息系统的发展特征是：数字化、网络化和智能化的会计信息系统是今后发展的大趋势。

3. 会计信息系统的实现方法分析

（1）精准分析会计信息系统设计需求

会计信息系统在信息化时代能够实现的最重要条件就是确定系统的设计需求。因为只有明确了需求是什么才有引导设计的方向，如果缺乏了对需求的确认那么只会陷入信息技术应用混乱的局面。

首先，明确的需求中包括核算需求，因为核算需求是整个信息系统中最为重要的衡量指标之一，核算需求特别针对企业的业务部门，有的企业业务部门比较多，所以就更加需要核算标准和会计科目进行统一，拥有了规范的会计核算标准和信息的数据标准才能有序地开展接下来的核算工作，不会因为缺乏会计信息标准而带来一系列问题。

其次，在设计的过程中也要将构建企业资金集中管理模式的需求确定下来。经过科学的设定，资金集中管理模式能够帮助企业进行全过程的管理和资金监控，使企业的账户管理和资金管理更加科学合理，通过会计信息系统的管理，企业票据得到有效管理，这样才能确保系统的稳定应用，更加有利于企业会计信息系统的管理和实施。

再次，明确的需求中还包含企业建立全面预算管理模式的需求，全面预算管理模式的作用是可以将预算的编制工作进行落实，使得每个阶段的工作都能正常进行，企业的绩效管理得到加强，也使得预算工作有序进行。在会计信息系统中可以实现多项功能，比如预算工作、图形化分析查询等，这样就能让预算编制功能的合理性和科学性真正实现，从而杜绝各种问题的发生，并且也可以依据信息系统解决各种问题。

最后，会计信息系统需要明确决策支持和财务报告需求，决策支持和财务报告是决定会计信息系统实现的关键因素，这两个需求能够让财务人员在信息系统的帮助下精准分析财务报表，并且达到严谨和高效的效果，对于报表中出现的错误或者不合理的地方会自动进行审核，这样就能确保财务数据的真实性和有效性，为今后的财务工作做支撑。

（2）以目标为导向构建会计信息系统

当前的企业管理体制和信息技术以及会计目标经过不断地发展已经逐渐成熟，在这种企业框架下要以目标为导向构建会计信息系统，对会计信息技术不断进行完善和规范，不仅提高系统的技术含量和科学性，还要将实现系统的功能可行性和可操作性，引导企业会计信息系统的不断发展，并且为今后的发展打好基础。

第一，当前对会计信息系统的设计主要目标就是优化和升级，升级后的会计信息系统在系统逻辑上更加清晰，并且发现问题更加及时，也能够尽快给出解决的方案，弥补系统的漏洞。另外还需要构建规范与统一的企业会计工作处理平台，让企业的总体控制和分部门控制都能有序进行，统筹处理分步和总体的会计工作，这样就能够提供数据和接口上的资源，早日实现会计信息系统的升级。

第二，会计信息系统在设计的过程中要对其流程进行优化，包括企业会计业务管理流程、企业会计审批流程、企业支付流程与企业系统审批流程等各种流程，经过整合和优化过后的流程才能让整体的会计工作更好地融入会计信息系统中，最终有利于工作效率的提高。

第三，会计信息系统还需要将系统的管理体系构建得统一并且规范化，这样会计信息系统在运行的每一个环节都能进行有效的管理，比如生产、保存和运输、使用等，这样也能减少会计信息系统在这些环节中出现信息失误的概率。

（3）注重会计信息系统的整体规划

良好的会计信息系统的管理和运行离不开正确的资源管理思想的引导，所以要将企业看做成一个完整的系统和整体，这样在建立会计信息系统的标准时才会有一个统一的参照，才能在整体上更加规范。同时，统一且整体性的特征才能为会计信息系统提供平台和接口，让每一个部门，每一个环节都成为相互联系的整体，这样才能杜绝企业成为一个"信息孤岛"，从而成为一个系统性的有机整体。同时按照之前规范好的统一的系统标准来进行各项业务部门的工作，各项业务的数据和财务的数据也能在会计信息系统的辅助下高效整合，提高其可行性和效率。另外，企业的会计信息系统不光要将每个环节设计到位，还应该在顶层设计和整体规划上完善构建，根据自己企业的整体发展战略和目标，明确会计信息系统的应用需求和目标，形成会计信息系统整体规划的协商和多边参与机制。

会计信息系统的整体规划涉及多部门利益，在规划和论证的时候就需要多部门参与商讨和设计，其中财务部门、信息技术部门和业务部门是最主要的三个参与部门，这三个部门需要发挥自己部门在会计信息系统中的地位和需求，共同研究和探讨其中的规划细节和内容。其中，业务部门根据业务需求提出具体的要求和规划，信息技术部门根据业务部门提出的要求和规划评估其可实施性和设计的难度，财务部门的工作比较复杂一些，需要将系统的应用、数据的口径与维度能否契合企业整体的规划与决策等进行评估，同时也要确保系统能够满足会计管理工作开展的需求。经过各部门的合作商讨和分工协作，整体的规划要满足不同部门的应用需求，同时也要确保企业在信息技术和会计信息系统的融合，另外，这种整体上的规划要保障好会计信息系统的正常运行，早日促进企业会计信息系统的实现与发展。

（三）会计信息系统的特征

会计信息系统有自己独特的优势和特点，首先，信息数据来源十分广泛，数量大，但是采集数据结构和处理的流程比较复杂，数据要求的格式也比较严格；其次，在数据的处理过程中会出现各个环节，但是这些环节的处理步骤都是有规律的，在处理的时候也要严格按照规范进行，注意数据的处理需要留下明显的痕迹和线索，这是为将来工作的审计和备查做准备。当然，会计信息系统还有一个特点就是对数据的真实性和可靠性要求很高，这也就要求无论是什么数据，来源必须是可靠的，真实的。

会计信息系统的构成要素有三个，首先是必须要有计算机的硬件设施，比如硬盘、光盘、主机、显示器等；其次，还要包括计算机的软件，这里的软件分成两类，即系统软件和应用软件，如操作系统、数据库管理系统等；最后一个要素就是工作人员，这里主要就是财务人员和信息化人员，也就是会计信息系统的使用人员和管理人员，如财务人员、系统开发人员等。

会计信息系统主要特征有以下几点。

第一，数据量大，具有复杂性。会计信息系统和其他的系统相互合作组成了企业的管理信息系统，因此会计信息系统属于其中的一个子系统，但是这个子系统本身是具有独立性的，会计信息系统也是由不同的管理子系统组成，这些子系统比如薪酬管理子系统、采购付款管理子系统、销售收款管理子系统、存货管理子系统，等等。企业的管理信息系统本身就十分庞大且复杂，信息的架构也十分精密和复杂，需要各个子系统在运行的时候各自发挥自己的职能，将信息搜集进来以后还要维护之后的加工、传递、使用等工作环节，这样的结构形成了一个有机的信息整体。

第二，会计信息系统和其他的管理子系统有着密切的联系。越是优秀，越是成熟复杂的会计信息系统其包含和披露的信息也就越复杂，也更加详细，这些会计信息系统可以将企业不同业务和环节的会计信息详细地展现出来，但是这些详细的会计信息需要企业的外部环境信息和企业管理信息的结合才能实现，所以，一般大型企业的会计信息系统都和企业的外部环境和其他业务管理系统建立起紧密的联系，并且联系是复杂交错的。通过这两种渠道，会计信息系统获取了大量的信息，在经过系统的处理和决策将真实、有用的信息提供给相应的模块系统，这样也就完成了信息系统的外部接口联系。

第三，确保会计信息的完整性、精确性、安全性和可靠性。会计信息的安全可靠依赖的就是系统的采集、存储、加工和处理的过程，这可以使会计信息得到检测和保护。

第四，内部控制严格性。在处理会计信息系统中的数据时首先会对数据进行层层的复核，这样做的目的就是确保数据的精准和真实。另外，在内部控制中，还需要保证数据审查和信息核对的准确性，采用多种方式和手段来确保其真实度，除此之外，这些审查的手段也要保证留下严密的审计线索，这样才能预防外部的破坏，或者在事后也能尽快找到原因和源头，这一举措也是我国审计行政事务管理系统工作能够顺利进行的有利保障。

第五，系统的开放性。会计信息系统是可以和企业的外部环境进行沟通联系的开放性系统，只要和企业有一定的业务关系，无论是商业银行、税务、审计还是财政、客户等都能与其进行信息互动。这一互动功能十分关键，因此要在设计之初就要将这一功能考虑在内并且重点对待，同时还要特别注意网络信息技术的应用。

（四）会计信息系统的开发与构建

1. 会计信息系统的开发方法

在信息系统的研发过程中，人们总结出多种科学方法，如结构化开发方法、原型法、面向对象开发方法、软件工程方法等。各种开发方法都有其不同的特点，都有各自的优点和不足。

（1）结构化开发方法

结构化开发方法比较适合那些具有明确目标和功能的系统使用，本身具有很大的优势。结构化开发方法的使用特点就是将信息系统开发的整个过程分阶段进行，分别为系统调查、系统分析、系统设计、程序设计、系统测试和系统实施六个阶段。这六个阶段每个阶段都有明确的任务、原则和方法，所以需要按照一定的步骤和规范来逐个进行，最终形成相应的文档资料。结构化开发方法适用于目标与功能都明确的大型系统，在六个阶段中，每个步骤都会根据运行的需求布置相应的任务，有详细的文档资料，能够将系统中的每一个功能都转化成相应的任务书形式，并且将任务书传达给程序员，程序员根据任务书参与设计，然后再经由测试人员进行检测，通过检测后才算成功，整体的所有开发过程，每一个步骤，每一个环节都在计划控制之下，因此整体是规范而又有节奏的。

结构化开发方法也有一定的不足，就是这种方法的使用必须基于两个假定，也就是目标必须反映出用户的需求，同时要确保系统的运行环境是比较稳定的。

（2）原型法

以上的结构化开发方法虽然有很多优势，但是它的不足也很明显，因此人们根据对这种方法的分析提出了新的方法——原型法。原型法的基本思想是：首先要获得用户的基本需求信息，然后在这些需求信息的基础上进行系统模型的构建，然后将原型的系统演示出来，根据演示过程中出现的问题和需要改进的地方，加上真实用户的参与，根据用户的需求再将模型进行修改，经过不断地修改，系统既能逐渐完善起来，用户的需求也能逐渐得到满足。系统的设计和构建以及认知并不是在设计之初就能预见之后的运行和发展，而是在不断地设计和运行过程中反复实践才能得到真实的认知。原型法的一个缺陷就是适用的范围比较窄，但是原型法的思想是能够贯穿所有的方法和实践中的，因为即使我们提前将系统的目标和任务都设计好，在真正实践的时候也会出现失误，因此就要在实践过程中不断改进和调整，这样才能实现最终的完善系统，这也是在原型法的指导下进行的。

根据以上的内容我们可以总结出原型法的优点是开发周期短，见效十分快，可以在开发的过程中不断地完善，更好地适应多变的市场需求和外部环境。但是如果在原型设计的初始就产生问题，那么就很容易导致后面的运行失控。

（3）面向对象开发方法

面向对象开发方法中的对象是由属性集和作用于属性集之上的方法集组成的，对象将属性和方法集合在一起，对象当下的状态就可以看作属性集。面向对象开发的方法可以分成两种，一种是通过返回对象当前属性来向外界反映对象的当前状态；另一种是将对象的属性状态改变来使对象的当前状态发生改变。这一方法把对象看成数据和有关操作的封装体，运用了分类与继承的概念，用消息将对象动态地链接在一起，具有信息隐藏性等基本特征。

上述三种开发的方法与之相结合的软件开发方法种类很多，不同的方法有不同的特点，不同的方法相结合又能产生新的方法，这种新结合产生的方法能够从原始方法中保留其长处优势，这样结合起来的开发方法也就可以解决原始方法中无法解决的技术问题。一般来说，会计信息系统的开发，以结构化开发方法为主线，运用原型法快速构造系统原型，不断完善直到满意为止。原型具有动态性的特点，可以不断地扩充，一点一点不断循环壮大，最终完成系统的目标，程序的设计阶段都有面向对象的方法。

（4）软件工程方法

软件工程采用工程项目管理的概念、原理、技术和方法来开发软件。它包括方法、工具和过程 3 个方面。软件工程方法包括结构化软件工程方法和面向对象软件工程方法。结构化软件工程方法是指将项目的管理和结构开发方法结合起来，管理软件开发的全过程就以项目管理的理念、方法和工具为基础运行，这一方法也可以称为面向功能和数据流的软件开发方法。面向对象软件工程方法指的是将项目管理和面向对象开发方法相融合，加入最先进的技术来进行软件开发。当前的软件工程中面向对象软件工程方法是使用比较广泛的方法，以上两种方法之间是相互联系的，并且相互促进，互相统一的关系，其本质就是各种方法的有效集成。现如今基本上所有的软件开发都是采用的软件工程方法来实现的。

2. 会计信息系统的构建结构

会计信息系统按照单位类型可以分为工业企业会计信息系统、商业企业会计信息系统和行政事业单位会计信息系统等。商业企业会计信息系统与工业企业会计信息系统的主要区别是，工业企业的供产销过程比较重要和复杂，有专门的成本核对模块，所以产销系统是核心。商业企业有关原材料的核算很少甚至没有，固定资产管理要求比较简单，成本计算方法也相对简单。所以一般没有成本核算模块，但商品采购、存货管理、销售业务等方面工作量比较大，所以，商业企业的购销存系统是核心。

会计信息系统一般遵循可拆装性、高内聚低耦合、通用化、与管理职能相适应等原则来进行划分。狭义的会计信息系统是指从凭证账簿到报表的会计主体核心、业务的部分，主要包括系统管理、凭证管理、出纳管理、账簿管理、报表管理等；而广义的会计信息系统除包括狭义的会计信息系统外，还包括与财会紧密相关的业务管理系统，主要包括工资管理、固定资产管理、成本管理、采购管理、销售管理、应收与应付管理、存货管理、会计报表、财务分析等。

（1）总账系统

总账系统也可以称为账务处理系统，会计信息系统的核心就是总账系统。会计信息系统中除了总账系统，其他的子系统都属于核算和业务管理的系统模块。总账系统运行的基础就是会计凭证，这也是最原始的数据，依靠这些原始数据进行凭证的输入、修改、审核、记账、查询及期末账务处理等工作。其主要作用是管理账簿和按有关科目分类指标。

（2）工资核算系统

工资核算系统主要是计算职工的应发工资、实发工资，计提有关费用，代扣款项，并将工资费用进行分配，并根据工资核算处理结果自动编制有关工资费用的转账凭证并传递给总账系统。

（3）固定资产系统

固定资产系统的主要功能在于对固定资产的明细进行核算和管理。可以实现固定资产卡片管理、固定资产增减变动核算、折旧的计提与分配等，同时该系统可以自动将有关固定资产增减变动的转账凭证生成，并且将凭证传递到总账系统。

（4）采购系统

采购系统与应付账款系统及库存管理系统完全集成。能及时准确地反映采购业务的发生、货款的支付等情况。实现对采购成本、采购费用、采购税金的核算，并根据相关处理结果，自动编制转账凭证传递给总账系统。

（5）库存管理系统

库存管理系统从采购与应付系统获得存货增加的数量及取得成本，以反映存货数量的增加数和购进存货的成本。库存管理系统从销售及应付系统获得存货发出的数量以反映存货数量的减少数，得出期末存量。库存管理系统通过与采购、生产和销售系统的高度集成，能及时反馈存货动态信息，生成各种报表。在按计划成本计价的情况下，自动计算和分配材料成本差异和商品进销差价，进行成本计算，生成成本差异明细账、暂估材料明细账等。根据各部门各产品领用物料情况，自动进行物料费用的分配，生成物料费用分配表。取得购进存货的成本及生产用料情况，才能正确核算出已销售商品的成本和期末存货成本，并根据商品存货出库等情况，自动编制转账凭证传递给总账系统。

（6）销售系统

销售系统与应收账款系统及库存管理系统完全集成，可以将每一笔销售业务的发生进行准确地反映，财务人员将发票和收款单录入系统，并修改记账情况，最终完成销售收入、费用、税金和利润等的核算，然后做出相应决策处理，自动编制转账凭证传递给总账系统。

（7）应收账款系统

应收账款系统主要功能就是完成各应收账款的登记、冲销的工作，将客户的信息和应收账款的信息采用动态的方式反映出来，同时这个系统还可以进行账龄分析和坏账估计。应收账款系统和销售系统、库存管理系统完全集成。其主要包括客户管理、发票管理、账龄分析等基本功能。

（8）应付账款系统

应付账款系统完成各应付账款的登记、冲销，及应付账款的分析预测工作，及时反映各流动负债的数额及偿还流动负债所需要的资金。应付账款系统与采购系统、库存管理系统完全集成。其主要包括供应商管理、发票管理、支票管理、账龄分析等基本功能。

（9）会计报表系统

会计报表系统实现各种会计报表的定义和编制，包括资产负债表、利润表、现金流量表和会计管理报表，并可进行报表分析和报表汇总。会计报表系统的主要功能有新建报表，报表格式定义，报表单元数据来源及计算公式定义，报表合并、汇总、查询及输出等。报表系统编制上报的数据基本能从总账系统各科目的余额、本期发生额、累计发生额等数据项目中获取。

（10）财务分析系统

财务分析是在核算的基础上对财务数据进行综合分析，一般功能有预算分析、对比分析、图形分析等。其数据来源也主要是总账系统。

3. 会计信息系统的构建基础

（1）职能基础

18 世纪末 19 世纪初，世界发生了一系列的产业革命，这些产业革命的发展给社会化大生产带来更多的动力，也进一步促进了劳动分工和专业化发展，资本在这次产业革命中更加集中化，并且也使得资本的组织结构联合性加强，原来的个体制或者合伙制企业也逐渐被股份制企业替代，股份制成为经济组织的主导。在股份制企业中，股东是不直接参与或者控制生产经营活动的，一般选择一个第三方来对企业的日常经营事务进行管理和控制，包括一些监督会计信息质量的事务。随着会计业务的发展，英国爱丁堡会计师协会在 1853 年成立，并且建立了相应的执业会计师制度，这项制度的成立对世界各国的会计师信息披露质量有一定的促进和保障的意义，也推动了会计信息国家的大趋同。

直到 19 世纪中期，会计经过很长时间的发展其功能和要求越来越完善和严格，会计信息要对经济活动进行记录并核算，而且也要为政府的决策提供记录的数据，但是这个阶段由于技术发展的原因，会计信息数据的有效性和完备性受到限制，同时也不能给予及时准确的信息。直到后来，电子计算机技术的产生，让全世界开展了信息技术的应用革命，会计信息技术在新技术的影响下逐渐转型升级。首先，由于电子计算机技术的更新作用，传统的会计职能属性发生了变化，那些原本无法决策分析的数据可以通过计算机技术来实现；其次，传统的会计也开始逐渐分化，形成两大分支体系，分别是以核算为主的财务会计和以管理为主的管理会计。其中管理会计的出现对会计信息的发展起到了重要作用，使得会计信息管理更加科学化，也对会计信息系统的决策起到了支持作用。

（2）效率工具

计算机存储程序理论最早是由美籍匈牙利著名数学家约翰·冯·诺依曼在 1946 年的时候提出来的，这一理论的出现也为将来计算机存储功能的设计打下了基础。之后，第一台电子计算机诞生，命名为“ENIAC”。电子计算机在随后的时间中不断更新完善，性价比也得到了提高，应用的范围也越来越广泛，不仅在文化、科研、经济等方面，在日常生活和军事等领域也有计算机应用的身影，计算机的诞生和发展给人们的生产生活带来了巨大的变化，人们的学习和生产方式也发生了转变，信息社会逐渐形成。计算机技术发展到今天，其应用的领域也更加细化和广泛，科学计算、数据处理、自动控制、辅助设计和辅助教学、人工智能、多媒体和网络服务都离不开计算机的支持，计算机也为推进信息社会的发展起到自己的独特作用。

现代社会生产越来越复杂化和多样化，并且现代的管理职能越来越趋近网络化和系统化，会计职能需要进行变革，要和计算机工具结合起来，改变传统的会计管理模式，改进会计操作技术和信息处理方式，这样才能适应现代化的发展。一方面，计算机技术和工具是现代社会会计信息系统软件设计的基础，将计算机工具融入会计信息系统中能够促进会计信息管理的科学化和系统化；另一方面，先进的计算机技术能够帮助会计信息系统共享信息，并且提高信息决策的效率。计算机工具可以看作是网络会计的基础，将计算机工具有效合理地利用起来有利于促进会计信息处理的及时性和准确性，面对一些复杂的会计信息问题可以有效解决，也能够促进网络资源共享和会计信息的流动。

（3）内生动力

现代企业面对竞争日益激烈的市场急需提高自己的生产效率和管理效率，这样才能在竞争中占据优势，而现代企业生产和管理的效率提升关键就是对信息的处理，能够对信息及时快速准确的处理和传递，企业的管理经营也就成功了一半，传统的企业会计工作在这种信息化时代不免受到冲击。

首先，信息技术逐渐普及，在人们的生产和生活中占据重要位置，比如说计算机、互联网、电子数据交换、加密解密技术等改变了人们的工作和生活的方式，企业的管理也依靠这些信息技术转变了模式，信息化社会的基本标志发生了改变，变成了数据处理速度、数据容量、信息传播能力等，信息化时代带来的红利是能让人们真实感受到的。其次，企业在信息技术的推动下改变了生产经营方式，数字经济、信息产业成为当今社会生产发展的主流。传统的企业经营理念是以为追求规模化经营和范围式经济，随着信息化的发展，企业的经营理念也发生了变化，企业更加追求网络化经济和协同式经济，在信息化的社会生产中企业依靠新技术和新理念获得新的活力。电子计算机的出现和信息产业的发展促进了会计信息系统的发展，会计工作更加依赖于计算机工具和信息技术的应用。

（五）会计信息系统构建的差异化

手工会计信息系统的每一个处理会计信息的环节都是以手工的方式进行的，主要完成收集原始凭证、填制记账凭证、登记账簿直至编制会计报表的主要任务。随着计算机和信息技术的发展，传统的手工信息处理方式已经被计算机和网络等新技术所取代，计算机会计信息系统也因取代手工会计信息系统而被公认为现代会计信息系统。计算机会计信息系统与传统手工会计系统的区别主要表现在以下方面。

1. 数据处理方式不同

传统的会计工具主要是算盘和计算器，这些都属于手工会计系统，这个时期的信息都记在纸上，因此会计的单、证、账、表都用纸张记载，但是这种记载方式明显的缺陷就是工作量大，不易转抄。而计算机会计信息系统的数据处理工具是电子计算机，电子计算机的特点就是集中化管理和自动化处理，会计数据就可以利用这一特点进行管理。计算机工具处理会计数据十分简单快捷，只需要将需要的数据输入，按照流程操作控制，剩下的步骤和决策等都依靠计算机就能自动出来结果。会计数据的存储介质为硬盘或 U 盘等磁性介质。

2. 数据处理流程不同

传统的手工数据流程是填制和审核会计凭证→登记账簿→编制会计报表。会计信息也是有不同分类的，按照性质不同可以分为总分类账户和明细分类账户，为了让数据更加清晰和方便管理，总账和明细账是采用的平行等级的方法来记录的，这样的记录方法能够方便财务人员在之后审核账目的时候更加方便发现账目中的问题，从而及时更正。计算机会计信息系统数据处理的程序是先由人工将数据采集好，然后按照标准化的处理方式进行处理，之后再输入到计算机中，计算机会自动集中的将数据进行处理，如果财务人员或者管理人员需要会计数据只需要在计算机中输入相应的信息和指令就能得到各种会计信息，计算机本身的程序都是设定好的，因此技术和处理不会发生错误，除非是人工输入阶段发生错误才会产生失误。计算机会计信息系统与传统的手工数据流程不同的点就是可以不用采取平行登记的方法来记录总账和明细账户，数据本身在计算机会计信息系统中不会重复处理。采用计算机会计信息系统只需要将数据记录在分类账户中就可以，不用设置总账和明细账，从而使数据处理流程更加简捷、合理。

3. 内部控制方式不同

核对会计凭证的正确性在手工会计系统中一般都是从经济活动的内容、数量、单价、金额、对应账目等项目来进行核对，同时为了进一步加强会计凭证的正确性，还会将制单和审核等不同岗位进行分工，这样不同岗位之间就会产生相互牵制的作用，并且能够相互监督，确保凭证的正确性。另外，还有其他流程来对会计数据的真实和准确进行保证就是账证核对、账账核对、账实核对的方式。这是手工会计系统的工作流程，计算机会计信息系统虽然在技术上更加先进，但是仍然按照手工会计信息系统内部控制制度的基本原则进行工作，比如说在职责上也要进行分工，钱、章和物是分别管理的，但由于计算机会计信息系统数据来源的同一性，使得账证核对、账账核对失去了意义，反而更加看重会计信息输入这一环节，因为这一环节的失误会直接影响后面所有操作的正确性，要在入口这块严格把关。计算机会计信息系统控制的方式融合了组织管理控制和计算机程序控制两种方式，这样的控制更加严格，内容也更加广泛。

4. 人员构成和工作组织体制不同

手工会计系统的工作人员和操作人员必须是专业的会计人员，组成一系列的工作岗位，各工作岗位完成会计数据的一部分处理工作，然后通过信息资料传递交换建立各个环节的联系，不同的工作岗位之间是相互监督相互牵制的关系，这样才能确保系统的正常运行。而计算机会计信息系统的工作人员除了专业的会计人员之外还需要计算机操作人员和维护人员的参与，所有系统内的工作人员都应具备相当的会计和计算机知识。计算机会计信息系统主要依靠计算机自动工作，所以整体的工作组织形式必然会产生很大的变化，一般都是按照数据的处理阶段来划分工作职责的。

二、IT 平台与会计信息管理

（一）IT 平台的构建

1. 信息技术的研究

信息技术（information technology，IT）的概念比较广泛，有关信息技术的定义有很多。广义上来讲，信息技术是一种在电子计算机技术、通信技术、遥感控制等技术支持下，能够实现信息的产生获取、信息的传输存储、信息的识别处理、信息的显示应用等技术。

一般学界将信息技术认定为利用电子计算机、遥感技术、现代通信技术等将信息应用起来，这些技术具有获取、传递、存储和显示、应用等功能，并且利用这些功能，应用计算机科学和通信技术可以将信息系统和应用软件进行设计、开发和安装等操作。

信息技术的特征如下：第一，信息技术自然带有一般技术的特征，也就是技术性，这种技术性表现为方法的科学性、工具设备的先进性、经验的丰富性、功能的高效性、技能的熟练性和作用过程的快捷性；第二，信息技术与其他技术的不同之处在于它的信息性，这种信息性表现为：信息才是信息技术的服务主体，而信息技术的核心功能在于将信息处理和利用的效率及效益提高。信息本身的特征让信息技术更有普遍性、客观性、相对性、共享性等特点。

2.IT 平台构建方案

IT 平台的构建一般都不太一样，这是因为平台的构建需要根据企业的集团组织结构、管理范围、实时控制力度等达成不同的需求，因此构建的方案会因为需求的变动而不同，IT 平台的构建方案根据企业集团组织结构、管理范围和控制力等因素的分析可以分为三种：实时集中、定期集中和混合集中。

实时集中 IT 平台指的是总公司也就是管理中心和子公司通过 B/S 应用体系结构建立起的网络通信系统，这种系统既可以是专用的，也可以是通用的公网。实时集中 IT 平台的支持可以让集团统一调配信息资源，实时监控管理企业的经营活动。定期集中 IT 平台指的是总公司也就是管理中心和子公司应用 C/S 技术或者 B/S 应用体系运行起来的统一的会计软件，各个分支机构设立数据库服务器。

混合集中IT平台指的是总公司在B/S技术或者B/S+C/S应用体系技术支持下，采用实时集中和定期集中IT平台共存的混合形式，因此平台就兼有实时集中和定期集中两种平台的特征。混合集中IT平台的特征决定了其十分适合应用在管理中心需要对一部分分公司进行实时集中管理和控制，对剩下的部分分公司不需要集中实时的管理，只需要定期地将数据集中再进行实时的控制就可以。

（二）IT平台对会计信息系统的支持

在整个企业管理信息系统中，会计信息处于核心地位，从会计信息的收集、会计信息的处理到会计信息的输出，最终传递给决策者和使用者，都是一个信息流动的过程。而在这个过程中，均伴随着对企业经营活动的管理与控制。

1. 对会计信息收集的支持

会计数据是指在会计工作中，从不同来源、不同渠道获得的、记录在“单、证、账、表”上的各种原始会计资料。会计数据的来源广泛，既有企业内部生产经营活动产生的，也有企业外部与企业相关的各种经济活动产生的各种资料。会计数据的数量繁多，不光是指每个会计期间需要处理的数据量大，更重要的是会计数据是一种随着企业生产经营活动的持续进行，而源源不断产生并需要进行处理的数据。

会计信息是由会计数据经过加工后产生的，会计信息可以为企业管理和会计管理提供数据等方面的依据。会计信息包含的内容十分广泛，既能反映过去已经发生过的财务信息，比如说资金的取得、分配和使用等，类似资产负债表，又能提供管理所需要的定向信息，比如各种财务分析报表，这些对未来分析的报表无疑是对企业将来财务的预测，为企业的经营决策提供依据，比如企业需要制定的年度计划和规划等。通过会计信息可以反映企业过去的经济活动，也可以对当前的经济运行作控制的参考，又能预测未来的经济发展。

收集会计信息的过程其实就是根据会计工作的目的收集原始会计数据的过程。现代的会计信息收集工作随着信息技术的发展已经变成管理信息系统的重要部分，会计信息收集不再局限于会计核算方面，而更多地趋向于会计管理、经营决策等多方面。

2. 对会计信息处理的支持

会计信息的处理随着科技的发展也经历了多阶段的变化，最开始是手工处理，之后发展到利用计算机、网络等信息技术的参与控制，这种变化也是操作技术和处理方式的一种变革。这种变革推动了新的课题的出现，会计理论和会计实务也得到了发展，同时这种变革也促进了会计信息化的更进一步发展。

现代会计信息处理指的是利用信息技术，将会计数据输入到系统中，然后再进行处理和输出的过程，其中处理的过程包括记账、算账和报账，这些过程之前都是由人工来完成的，现在是由计算机来代替完成，另外，处理的过程还包括对会计信息的分析和判断，这种分析和判断之前也是由人力完成，现在就由计算机来替代。

现代会计信息处理不仅引起了会计系统内在的变化，强化了系统的能力，同时也提高了会计工作和会计信息的质量。现代会计信息处理的特点如下：

（1）计算机作为计算的工具，将数据的处理过程呈现出代码化的形式，并且处理的速度快，精度也很高。这种特点产生的原因是计算机来进行数据的记录和处理工作，采用编码的方式记录原始的数据，这样可以做到对数据长度的压缩，从而将数据占用的空间缩小，最终提高会计数据处理的速度和精度。

（2）数据处理人机结合，系统内部控制程序化和复杂化。当前处理会计信息基本上都是使用计算机，但是人工计算和处理并没有消失，很多工作还是需要人工去负责的，所以整体信息的处理是计算机和人工的结合。计算机处理数据和信息的特点就是一切都是程序化的，无论是系统的内部控制方式还是对外部数据的处理，比如说采用密码控制程序对操作全程进行限制等。像一些期末账目的调整等都是依靠计算机自动的程序来进行的，各种工作完成之后会生产各种转账凭证。

人机结合的数据处理方式也使得计算机的控制系统变得更加复杂，原本只需要对人工方面的工作进行控制就可以了，但是现在需要将人工和机器两方面进行控制，包括人员分工、职能分离和对计算机的维护，也包括会计信息和档案的保存等。

（3）数据处理自动化，账务处理一体化。现代会计信息处理的过程可以分为三个环节，分别是输入、处理和输出。不同的会计核算岗位掌握不同的数据，将这些会计数据收集起来输入到计算机程序中，计算机自动对这些数据进行记账、转账等程序的处理，然后会计人员会将需要的数据资料打印输出出来。

（4）信息处理规范化，会计档案存储电子化。在进行会计信息处理之前要先建立起规范化的会计基础工作，这样处理会计数据的时候才能更加规范，减少失误的发生。在会计信息系统中，会计数据是以文件的形式在计算机的储存器中储存，防止信息数据的丢失。

（5）增强系统的预测和辅助决策功能。充分利用计算机的处理功能，在系统分析、设计与开发中充分运用数学模型、运筹学、决策论等方法，可以极大地增强会计信息系统的预测和辅助决策功能。

3. 对会计信息输出的支持

一个完整的会计处理系统，不仅需要有灵活、方便、正确的输入方式和功能齐全的数据处理功能，还必须拥有一个完善方便的输出系统。

会计信息系统的输出方式包括显示输出、打印输出和文件输出。显示输出的特点是速度快、成本低，但输出的会计数据的应用者会局限在会计信息系统内部，不易交流。打印输出的特点是速度慢、成本高，适用于必须打印输出的情况。文件输出的特点是速度快，成本较低，易于转换，但不直观，存储介质易受损坏，安全性较差。

随着声音、图像等多媒体技术的应用，会计数据的表现形式将会越来越丰富，同时，随着对会计信息系统数据接口的标准化，文件输出将越来越重要。如记账凭证、会计账簿等，可以以文件的形式存储在存储介质中，需要时可调用会计软件的显示输出功能进行查询或者打印。

第三节　面向企业应用的会计信息系统

一、企业会计信息系统的建设

（一）企业信息化

1. 企业信息化的概念

企业信息化是指以开发和利用企业内外部信息资源为出发点，利用现代信息技术的优势将企业的经营和管理水平提高，促进生产效益的发展，从而将企业的竞争力增强，逐步推动企业现代化管理的发展。

2. 企业信息化的覆盖范围

企业的主要任务是产品的设计、生产、营销以及伴随发生的管理活动，因此企业信息化必须覆盖业务信息化与管理信息化两个方面。其具体包括以下内容。

（1）产品设计信息化。企业应用各种新技术比如计算机辅助设计或者仿真模拟技术等对产品进行研发，这种设计的过程是自动化的过程，由技术来引导的设计能够让产品的设计周期缩短，总体来说可以降低产品的设计成本。

（2）生产过程信息化。生产过程的自动化主要依靠电子信息技术和自动控制技术来完成，包含制造、测量和控制等。计算机辅助制造技术在生产过程中是重要的生产技术，同时也包含了其他的自动控制技术的加入，这种过程的自动化自然也就减少了人们的劳动强度，并且产品的质量也能得到提高。

（3）管理信息化。管理信息化其实也是管理自动化的体现，在企业的经营的各个部门包括计划、财务、人事、办公等每一个环节。要实现管理的信息化就要建立起管理信息系统（MIS）、决策支持系统（DSS）、专家系统（ES）以及办公自动化系统（OA）。近年来成为热门话题的企业资源计划（ERP）、供应链管理（SCM）、客户关系管理（CRM）基本上都属于 MIS 的范畴。

（4）商务营运信息化。商务营运信息化即基于 Internet（互联网）实施全过程的电子商务，包括广告浏览、市场调查、谈判、网上订货、电子支付、货物配送、售后服务等全程信息化。

3. 企业信息化的实现

企业信息化的实现是一个过程，需要做好总体规划，明确目标，按效益驱动的原则分期实施。其具体工作包括以下内容。

（1）开发信息资源。要规范企业各类数据，按集成的需求分类编码。建立相应的数据库。同时，还要制定信息资源开发的有关规章制度。

（2）建设企业信息化的基础设施。如建设数据采集设备、生产过程控制系统、用于辅助设计及管理的计算机系统以及通信网络系统。

（3）开发信息系统。如支持制造的控制系统、辅助设计系统以及管理信息系统。为此，必须调整组织机构和重组业务流程，以支持这些信息系统的集成。

（4）对企业各级人员进行培训。让他们了解信息化的基础知识，学习信息技术，并应用到自己的业务活动中。同时，企业领导也要接受培训。

（二）企业会计信息系统发展历程

20 世纪 50 年代初期，美国的通用电气公司已经开始部署实施企业组织管理系统，1954 年，通用公司的每个独立事业部都已经采用电脑核算的方式进行工资核算的工作。20 世纪 60 年代，会计信息技术被广泛地应用于企业的财务管理中，包括销售管理、仓存管理等各种会计业务。这个时期的会计信息技术虽然刚刚萌芽不久，但是其工作的实用性高，将原本十分繁杂的会计工作简化了多项流程，原本的手工会计操作被计算机替代，大大提高了工作的效率，也促进了会计电子信息化的协同发展，优化了会计工作的形式。1982 年，企业会计财务管理领域有学者提出了 REA（资源、事件、主题）模式，这项模式促进了会计信息系统的分析和设计的基础的形成，在理论上是一大突破，也让现代会计信息系统研究成为会计领域的研究方向。

从时间上看，欧美发达国家的信息技术和会计研究协同发展时间是比较早的，我国的会计信息系统的建设相对起步较晚，直到 20 世纪 70 年代末期，我国才在长春第一汽车制造厂首次建立会计电算化试点，同时也受到改革开放政策的影响，会计信息系统的搭建促进了很多企业尤其是国有大型企业的工作效率。

1. 起步阶段（1983 年以前）

最早的企业会计信息系统的起步是始于一些企业和事业单位将一些单项的会计业务信息化改进，这个时间段大约也就是 20 世纪 70 年代，这个时期，虽然一部分会计业务信息化发展，但是由于计算机技术发展不成熟，所以覆盖的范围是比较狭窄的，业务内容也比较单一，其中最为典型的就是将工作核算进行信息化。同时，精通会计信息化的人才也比较少，计算机本身的硬件价钱昂贵，软件也都是从国外进口的，汉化的效果也不理想，因此，本身这个阶段的会计信息化发展也没有得到普遍的重视，发展也就比较缓慢。

2. 自发发展阶段（1983 年—1986 年）

计算机的应用在这个阶段进入到发展的热潮，国内市场上也开始大量地出现计算机和各种配套设施，同时再加上企业本身的发展理念开始转化，开始有想要开展会计信息化的工作的愿望，所以，各个企业也就自发地组织力量开发财务软件。但是由于这种发展更多来自民间，来自自发，在宏观上，国家并没有开始将会计信息化的工作进行管理，也没有出台相关的管理制度和指导来进行规范，同时加上我国计算机在经济管理领域的应用也刚刚开始发展，所以，在企业的会计信息化的发展中出现了很多问题。企业和单位本身是自发的组织和摸索，既没有建立相应的组织管理的制度，也没有制定相应的控制措施，大家都是各自为政，在组织上比较盲目，常常出现各种财务软件低水平重复开发的现象。同时开发出来的软件通用性和实用性都不高，各自为政的局面也使得整体的投资成本加大，周期长，见效也慢，极易造成人力、物力和财力上的浪费。出于对这种现状进行研究的目的，我国开始对会计信息化的实践经验进行总结，同时开始对人才方面进行培养。

3. 稳步发展阶段（1987 年—1996 年）

在这个阶段，政府和相关部门开始重视会计信息化的工作，原本的自发式、盲目式地发展开始得到治理。财务部和中国会计学会开始对会计信息化发展在全国大力推广，并且也对其进行管理，各地区的财政部门和企业管理部门也加强了会计信息化工作的组织和管理。组织性和计划性是这个阶段会计信息化发展的特点，会计信息化的发展得到大力推动。这个阶段的发展主要标志有以下几点：财务软件开始向着商品化发展，并且其市场也逐渐成熟起来，形成了财务软件市场和财务软件产业；相当一部分企事业单位开始重视会计信息化的应用和发展，积极购买财务软件，有条件的大型企业开始自行开发财务软件，逐渐将财务的手工操作淘汰，将会计核算业务进行信息化处理；在人才培养方面，国家鼓励各个中职和高职的院校开设会计信息化专业，同时要求本科专业中会计学和相关的专业将会计信息化课程纳入必修课程，对于已经在职工作的财务会计人员，加强会计信息化的培训；在制度管理和控制上建立相应的制度和规范，使会计信息化的理论研究工作也不断发展。

4. 竞争提高阶段（1996 年至今）

会计信息化的工作经过多年的发展已经逐渐成熟，政府的支持和规范使得财务软件市场也进一步成熟，并且市场的竞争也越来越激烈，财务软件随着竞争的加剧也在不断更新优化，出现了更加全面的功能，专业的软件公司也在不断地发展。这个阶段的发展主要标志有以下几点：国内市场将一些国外优秀的财务软件引进国内；老牌的专业财务软件公司也在不断发展并壮大，其中用友软件的销售额已经突破了亿元，同时不光老牌财务软件公司得到发展，新兴的公司也如雨后春笋一般纷纷出现，比如深圳金蝶、山东国强及杭州新中大等。这个阶段，管理型财务软件得到开发和推广，将财务软件的功能进一步拓展，计算机在财务会计方面得到大力应用。在人才培养方面，中高级人才培养得到重视，信息化财务会计人才也向着研究生学历迈进，同时一些高校也开始设立会计信息化专业的博士点。一些财务软件公司在推广管理型财务软件的同时还在不断创新研发，试点推广了 MRP、MRP Ⅱ、MRP Ⅲ和 U8 软件。

会计信息系统在企业的内部工作运行中对企业运营情况、经济信息和财务信息进行统一的储存管理，另外，会计信息系统也对企业的资金管理进行控制。企业内部的会计工作随着多年来计算机技术的发展，很多程序都依赖于计算机的操作，同时，基于互联网平台的发展，会计信息系统在计算机的支持下保证了会计工作质量和工作效率的提高。会计信息系统的效用正常发挥离不开专业设备和运行资料的支持，只有保证会计信息系统能够正常运行，才能确保整个企业的管理正常运转，无论在经营和管理上，企业都离不开会计信息系统，这也是保证企业经济效益的基础，同时企业的经济效益得到保证才能促进社会效益的提升。

（三）企业会计信息系统使用现状

1. 企业会计信息系统存在安全隐患

当前，企业内部会计信息系统的安全程度不高，一般有着两方面的体现。

一方面，企业的会计信息系统没有足够的安全防范措施。计算机信息技术的全面运用和互联网技术的快速发展使得传统的单机信息系统已经不再适用，这种单机的信息系统没有办法满足全面的计算机会计系统要求的，同时也无法更好地传播信息。随着日益科学化和规范化的会计信息系统的内部控制机制，计算信息技术在会计管理方面有着越来越重要的应用效果。但是随着互联网的频繁广泛而又深入的参与会计信息系统，会计信息系统中的数据的安全性容易遭到破坏，会计人员在进行财务工作的时候会利用互联网查找资料，而企业中的各类服务信息很容易被共享和访问，当财务人员输入或者输出处理各种信息数据的时候，就很容易因为系统的安全性感染各种网络病毒，或者遭到不法分子的恶意破坏。如果企业财务会计系统中没有设置防火墙等防范措施，内控人员也没有对风险漏洞进行检查和预判，就会使财务工作人员在访问各种互联网信息的时候无形中窃取了企业的内部信息和资料，使得企业的会计信息系统产生问题甚至崩溃，财务工作的展开受到严重打击，从而妨碍企业的正常运营。

另一方面，企业会计信息系统的用户授权机制需要完善。在传统的企业发展过程中，用于会计信息系统的内部控制的最普遍的手段是层级授权的方法，这种方法就是每一道程序都要经过层层的审批来保证会计信息的安全。比如说有一份会计文件需要审核，就需要逐层报批，在每一层报批的同时再进行授权，这种报批授权的管理模式也在无形中增加了处理的时间和处理的风险，会计信息在如此多的程序中也会更加容易被泄露出去，或者出现信息被误传的问题。另外，层级授权的方式看似是需要通过层层的审核人员来监督配合，加强了信息的安全性，但是这种方式也使得会计信息极易容易缺失，最终导致会计信息系统的安全性降低，破坏了企业的稳定性。基于当前计算机技术和信息技术的发展，会计信息系统也随着技术进步也在不断地完善，层级授权的方法已经不适用现代会计信息系统的需求，因此已经向着其他方式转变，比如口头指令和密码指令，这种方式不仅提高了会计工作的安全性和工作效率，而且会计信息性系统也因此能够提高其安全性。但是，这里也不能忽略一个问题，一部分精通操作的黑客也能够凭借自己的技术将密码破译，这样无形中又在另一方面为企业会计信息系统的安全性带来隐患，使整体的运行机制出现问题，不仅会计信息的安全性得不到保障，还会破坏企业的稳定发展。

2. 企业会计信息系统的数据准确性不足

会计信息系统在当下信息化的支持下暴露了几个缺点，比如说自我纠正能力差、自动重置的问题，这些问题都会对企业的正常经营发展造成一定的影响，也会阻碍企业的内部管理机制的运行。比如说，如果计算机中的原始数据出现错误，那么之后的各种流程会随着这个错误产生问题，包括进账、出账的操作，甚至这种错误是会累加的，从而造成不可估量的影响，如果不能及时纠正，企业的经营发展就会面临巨大的影响。会计信息系统本身没有检查和纠正的功能，再加上如果没有对数据审核的工作进行规范和要求，出现问题就需要财务人员对最原始的数据进行修改，所有的程序都需要重新操作一遍，无疑增加了财务人员的工作量，企业的发展也会在这方面增加负担。另外，企业的会计信息系统的内控功能发展并不完善，十分容易出现故障，而内控功能和系统中的其他各项程序都有着密切的联系，如果其中的一环出现了问题，将牵一发而动全身，内控功能的缺陷导致系统不能有效识别问题，就会使整个系统都出现运行的错误，计算出来的结果数据就是错误的，甚至还会让系统的程序部分失效，对企业的正常运行产生不利的影响。

二、面向企业会计信息系统的模型建构

（一）服务架构模型

服务架构模型（service-oriented architecture SOA）是云计算的组件服务的模

型之一，这个模型的功能就是将会计信息系统中的不同模块在服务和服务中优化其接口，使其能够更好地联系起来，其中的接口形式具有独立性，会计信息系统的硬件平台和操作系统以及接口是各自独立的，因此，模型的架构在SOA系统中的会计信息系统可以使用相对统一和相对通用的方式进行共同管理。SOA模型是在云计算的环境中进行设计、开发和实现的逻辑单元模型方法。这种模型具有多重优势，体现在方方面面，包括系统软件开发的企业的开发技术、用户企业的自身资源整合等，SOA具有无可替代的优势。会计信息系统本身属于企业级管理信息软件系统，这种系统是非常适合采用SOA模型作为软件架构的，我们总结出了以下几点原因：

1. 更高效地满足我国中小企业的会计管理需求

会计信息系统的开发最终目的是满足我国中小企业的会计管理需求，我国的中小企业是我国经济发展的重要力量，同时随着经济的不断发展，中小企业的用户也在不断变化，这种变化也就需要企业不断调整管理方式来满足需求，为了满足这种变化，就要从会计模块出发，通过以会计模块为点动因来引导系统的设计与开发。但是传统的会计信息系统开发的模块也有自身的缺陷，只会注重单一企业的单一管理业务需求，这种缺陷的后果是阻碍技术满足中小企业的业务实际需求的变化，技术跟不上变化就只会让系统的局面更加被动。SOA模型就是为了解决这一问题引导适应中小企业多样性的会计管理需求，让技术和需求能够很好地融合。

2. 更好地将我国中小企业原有系统相整合

我国的中小企业在进行会计信息管理的时候不仅会使用本会计信息系统，还会使用其他种类的会计信息系统软件，比如说ERP、财务系统软件和进销存系统软件，在多种软件使用的过程中，自身原有的会计系统会和其他的其中结合起来，数据之间可以互补共享，将会计信息系统的管理不断完善。SOA模型本身具有一定的优势，可以将一些高层次的和抽象的信息和功能进行整合，具体问题具体实现，加强不同模块之间的关联性。

3. 有利于其他的SaaS供应商与本系统的服务供应商进行整合

随着经济的发展和信息技术的推动，SaaS（云计算）应用企业也在不断成长和成熟，我们可以预测到 SaaS 会是软件发展的一大趋势，所以，本系统提供的会计信息系统服务要和其他的应用 SaaS 系统的服务企业相互连接整合。SaaS 本身的特点是以服务模块为基础的，因此可以将这个特点更好地利用起来，促进不同系统服务的融合。我国当前的中小企业会计信息化系统基于不断成熟的技术，可以通过云计算技术优化自己的计算能力和数据处理能力。而相关的财务云计算平台是由运营服务商提供的，这种服务具有支持多个操作系统的特点，同时也可以独立地运行。计算机技术在这种技术的支持下提高了其利用水平，也能降低企业的运行成本。

（二）REA 模型构建

REA 模型是资源（Resource）、事件（Event）、参与者（Agent）的缩写，这个模型能够描述企业业务过程中所涉及的共有经济现象，同时也可以将业务事件中财务和非财务的信息内容更加直观和全面的展示出来。将 REA 模型作为设计模型的新型多维复式会计信息系统，企业可以利用这个系统拥有更多的信息选择，在使用的过程中，人们可以利用这个模型进行全面的、立体化的分析和决策，这种特点也是未来企业信息和会计系统的主要形式。

REA 模型基本思想在于要对企业的经济业务进行原始的描述，其中，基于 E-R 模型，可以将企业的经济活动涉及的实体部分进行分类，分别是参与者、事件和资源。参与者是指能够直接参与经济事件或者对其他参与者或者活动造成影响的那一部分，可以是部门，也可以是单位和个人。事件指的是能够引起资源变化的业务活动，比如说采购、销售等。资源在这里指那些可以被量化、为企业带来经济效益的资源，一般是比较稀缺的资源。

REA 模型经过实体划分，可以对三类实体之间的关系进行结构化的描述，其中的关系又可以分为四种，分别是资源—事件、事件—事件、事件—参与者、内部参与者之间。内部参与者关系所反映的关系是企业上下级之间；资源和事件更多的是反映事件引起的资源的流入和流出；事件与事件之间是导致资源变化的两组事件构成的业务循环；事件与参与者更多的是参与者对事件的控制的反映。

ERA 模型的基本框架就是由上述的三大实体和四类关系构成的，而模型的基础在于三库理论和事件驱动原理的加入。事件驱动原理指的是企业在业务处理的过程中，将会计信息嵌套在系统中，这样使得原始数据在录入的同时也能进行业务的执行，然后以业务事件驱动数据的输入、存储和提取，这样信息的使用者就可以从中得到不同的信息视图。“三库”分别是指报告工具库、目的库、数据库，其中报告工具库又包含了多种内容，包括知识库、方法库、模型库等。工具库中存储着所有的财务和非财务的业务数据，目的库是接受信息需求和生成数据报告的模板，报告工具库的功能是提供不同信息处理方法和模型，使用者可以在使用的时候自由选择。这三个库之间有一定联系的同时又是相互独立的，REA 模型就是基于这种逻辑结构的基础运行。

（三）ASP 模型构建

ASP 模型是一种服务模型，这种模型的服务对象是商业用户，运行的方式一般为租赁或者在线形式，用户可以从中得到自己需求的信息服务和软硬件资源。传统的企业会计信息管理中，企业都需要根据自己的情况单独设计一个系统，然后再根据系统的运行需求采购相应的数据库、软件和硬件产品，系统搭建起来的同时还需要聘请专业的管理人才来进行管理，而 ASP 模式更加强调对资源的集中分享。这种服务模式的服务核心是以外包形式为主，然后按月收取费用，从而用户原有的支出就省下了。如果按照传统的企业会计信息管理模式，如果企业的业务量和规模扩大，企业还需要支付扩大部分的成本，这些成本还要用来对原本的软件和硬件进行升级。但是采用了 ASP 模式就不需要支付这一部分费用了，只需要按月付费，就可以使用最新的软件和硬件。

系统架构指的是体系结构，包括软件逻辑、功能结构和技术支持。系统的设计要想更加具有实用性、逻辑性和完整性，基本的体系结构是不可缺少的，只有将体系结构设计完整才能将后续的工作有序展开。

1. 总体架构

B/S 结构本身具有多方面特点，不仅灵活性高，伸缩性的性能也十分突出，这一结构从不同的平台和网络经过，可以对各种数据和服务进行存取，用户只需要访问浏览器就可以找到对应的系统，从系统中获取自己需求的资料和服务。B/S 结构可以分为三层，分别是数据层、服务层和界面层，其中，数据层具有定义数据维护数据等功能。服务层就是支持用户访问数据库。界面层就是用户获取信息的主要平台，用户只需要在界面输入自己的需求就可以获取相应的信息，不仅安全性高，同时也十分可靠，这种结构可以防止机密信息的泄露等问题。系统的架构也分为三层，包括数据库、应用服务和浏览器，数据库的功能是为了保存财务会计的相关数据，应用服务层的功能是连接服务器和计算机，另外也需要将采集用户端信息提供给应用程序，然后再根据需求利用应用程序参与接下来的处理。浏览器具有跨平台的属性，并且随着技术的发展，浏览器的安全性也有很好的保障。

2. 数据库

数据库就是由海量的数据组成的，具有同时支持多个用户登录的特点，冗余度也比较小，同时，数据库中的数据一般都是存在着十分紧密的联系的，另外，数据和程序都可以独立运行。设计人员在进行管理系统设计的时候，首先要保证系统的安全性和可靠性，只有系统的安全性能高才能支持之后的一系列工作，然后设计人员也要对系统的实时性、开放性予以重视。ASP 模式的运用使得系统的服务对象得到大幅度增长，用户的增多必然会给系统的承载能力带来一定压力，为了保障系统能同时承载更多用户集中访问的情况下正常运行，数据库和服务器的性能十分关键，将这两项的能力提升可以让系统有更多的能力面对更多的用户压力。为了提升系统的各方面能力，专家认为应该优先针对大公司开发的数据库进行数据库容量的增加，这样才能让更多的会计资料存放在系统中，同时也要依据用户的指令，对资料进行修改或者增加删除。

3. 客户端访问

客户端访问的核心架构就是 B/S 结构，这种架构不受时空的限制，只要拥有一台计算机就可以随时随地对系统的服务器进行访问，服务器根据用户的指令做出响应，让用户的需求尽快得到落实。当前浏览器的类型十分多，其中最有代表性的就是 Windows，用户通过 IE 浏览器可以访问 ASP 服务器，然后在服务器上完成各种操作。

（四）区块链重构

1. 记账模式重构

传统的会计信息系统在进行数据录入的时候离不开人力的操作。企业现在的发展大多遵循区块链的运行原则，企业需要运用区块链的一系列技术让记账的工作更加高效和自动化，这种自动化的记账方式也具有准确性高的特点，目前，很多企业使用的会计信息系统也能实现机械扫描录入的完成，但是这种机械扫描的录入只能在业务发生之后才能完成，而区块链框架下的记账模式能够和业务发生的时间同步进行，实时完成记账，并且，财务数据和资料的录入由各个节点的财务机器人完成，这种方式必然要比机械的录入方式更加准确高效。区块链本身具有去中心化的特点，所以系统的各个业务数据和信息可以利用这个特点向全节点广播。企业的“业财审”的高度融合目标需要通过区块链技术的帮助才能使核算和审计工作实时完成。

2. 会计信息结构重塑

会计信息系统的基础是信息，系统在运行的各个环节和节点都需要信息的记录和认证。如果运用区块链技术，则需要在数据认证和记录的同时载入相应的区块支持，并且各个独立的节点都需要设置相应的会计工程师、审计机器人、财务机器人和业务团队。重塑后各载入区块都有与之相对应的节点进行操作，同时各区块信息结构均由四个不同的域维度构成，包括事实域、会计域、审计域和调整域。其中，事实域是通过业务团队填写、确认以及共识后计入区块链；会计域是为了根据公认会计准则进行核算处理；审计域是为了在对交易核算的公允性和真实性进行验证；调整域的主要目的就是对一些调整情况进行呈现。

3. 财务报告重构

当前会计信息系统具有一定的局限性，比如说内容是固定的、格式是通用的、纰漏的时间也是定期的，而财务报告重构的目的就是改变这些缺陷。财务报告在企业的管理中占据十分关键的作用，它是企业和利益相关者进行对话的一个重要方式，所以财务报告的编制就需要认真对待，力求能够满足不同信息使用者的不同需求。企业可以利用区块链相关技术允许经核准的信息使用者登录平台，用户不同，诉求也就不一样，但是财务机器人可以根据不同用户的需求自动化操作生成个性化财务报告，这样也就能解决传统财务报告中信息不足或者冗余的缺陷。

三、有效提高会计信息系统应用效果的策略分析

（一）全面完善企业内部的会计信息控制系统

根据现阶段我国的经济现状和企业发展管理的情况，为了保证企业能够稳定可持续发展需要在企业内部建立起风险控制机制。当前的各类商品服务市场中，整体的发展情况正在不断地发生变化，并且这种变化是持续性的，企业要想在不断变化的市场中立足，就要时刻关注市场的变化，同时也要对客观运行条件进行调控，完善和优化会计信息控制系统。市场环境的变化导致企业的发展出现变动，市场竞争也会出现不同程度的变化，如果企业的内部发展体系没有得到优化，就很容易造成企业的发展方向和市场环境得不到匹配。企业的发展变动要时刻和会计信息系统相匹配，所以要将企业的信息控制系统不断地完善。为了更好地优化和完善企业内部会计信息系统的控制机制，企业首先需要将本身所面临的外部环境和自身的发展条件进行客观地分析，企业的内部发展、市场的变动和整个社会的经济环境，将这三者结合起来思考才能使内部控制机制更加完善。

企业对自己的分析要十分深入，充分客观地将自己的优势和劣势摆出来，并且进行分析，充分发挥自己的优势，将会计信息系统更加优化调整，这样才能使企业的风险控制系统更好地建立起来。在具体的措施上，人才管理方面，控制系统的人员不仅要考核工作人员的专业能力和职业素养，还要对他的日常工作情况进行全面考核，这样才能真正对工作人员的能力进行判断，同时也能够对工作人员和信息系统控制岗位的匹配和协调程度进行考核，依据考核的结果再对工作人员进行调岗，人尽其才，最大限度地利用好人才资源，提高会计部门的实际工作效率。

（二）增强企业会计信息系统的网络安全管理力度

高效、高质量的会计信息系统工作能力的提升离不开强大的网络安全管理力度。完善的会计信息系统和强大的网络信息安全管理力度需要从以下几点突出。

首先，要从理念和认识上增强网络安全管理重要性的意识，尤其是管理人员，

要促进鼓励管理人员主动地学习网络安全理念知识，在拥有一定的网络安全知识之后还要针对会计信息系统网络信息安全方面的问题开展分析工作，将会计信息系统在实际的运行中所产生的隐患和安全问题及时找出并解决掉，特别注意的是还要请专业的人员设计预警机制。同时企业还要对网络安全管理建立起相应的机制，具体措施包括：首先，工作人员在登录会计信息系统的时候会要求输入验证码和指令，系统会将验证码和指令识别出来，然后，系统会对用户的信息进行核查，最后系统会根据核查的结果自动分析用户的个人信息，并且对账号的安全性进行审核。这三个步骤完成之后，系统会根据指令对结果进行分析，对用户的访问权限进行判断。这种方式不仅能够帮助系统将一些不良的信息屏蔽掉，还能减少系统的隐患和风险。

其次，当前的计算机软件会出现各种问题，比如说运行的数据数量多，软件的更新频率太高等，这些问题放在企业的会计信息系统中会严重影响系统的工作效率，所以为了能够让企业的会计信息系统稳定运行，定期地更新和检测是不可忽视的，在定期地更新和检测过程中如果发现问题就立刻纠正，这种纠正的效率也会减少会计信息的泄漏问题。另外，会计信息系统及时地更新也是为了确保网络安全管理机制能够有效运行，这种及时更新也让系统一直处在最新的状态，这也有利于减少会计信息系统的漏洞，漏洞减少了也就有利于企业会计信息系统全面瘫痪问题的规避。只要将企业的会计信息系统及时全面的更新，网络访问机制也得到优化，这样才能有利于形成安全的验证机制，保证会计信息系统整体上的安全性。

最后，会计信息系统的优化不仅包含运行系统，还包含内部配置和网络配置的更新，这样全面的更新优化才有利于提高企业的会计信息安全性。企业的信息系统进行维护的时候一定要确保会计数据的完整性，工作人员将会计的原始数据提前备份好，如果在更新的时候出现数据丢失的情况还可以通过原始备份的数据还原，减少数据上的损失，解决了会计信息不能找回的问题。在备份会计原始数据的时候也要将数据进行分类，按照数据的重要性和级别逐层加密，严格审核，这样也有利于信息备份机制的完善，促进内控机制的优化，保障企业的数据安全，促进其健康持续发展。

第三章　大数据背景下的会计信息化

大数据环境不管是从数据数量看，还是从数据种类看，都可以说是传统数据的一种补充和延伸。本章为大数据背景下的会计信息化，依次介绍了大数据下企业运用的会计信息系统、大数据下会计信息服务平台的构建、大数据下会计信息化的运行环境、大数据背景下会计面临的挑战这四个方面的内容。

第一节　大数据背景下企业运用的会计信息系统

一、企业会计信息系统运行现状

（一）企业会计信息系统安全问题

会计信息在网络快速发展的背景下具有多种特性，经济、高效和实时性是其中的关键特性。企业可以利用会计信息系统的软件对原始的会计数据进行自动化的计算，从而得出企业管理层需求的信息和数据，这种数据的结果相比人工计算的结果自然有很大的优势，另外，本身的电子化系统也是对人力成本的节约。会计信息处理系统具有实时性的特点，当会计人员在系统中输入会计数据之后，能够在极短的时间内得出结果，有时可以实时地将结果输出。这种实时性为企业提供及时性的数据，有利于企业尽快地做出各种管理决策。所以，会计信息系统促进企业信息的工作效率，有利于企业快速发展。

企业会计信息系统在运行中最常见的问题就是硬件的损坏造成信息的丢失。硬件设施的功能不可替代，主要是对会计信息和计算结果的数据存储，所以，如果硬件设施一旦损坏，就会造成会计信息的丢失。同时，如果硬件的管理不当就很容易导致硬件损坏，比如说系统的磁盘如果长期处于高温的环境，或者因为硬件设施本身的散热性差，就很容易使正在工作的系统出现故障，停止计算，或者出现计算的失误，最后使企业的数据产生错误。错误的企业会计信息也会影响领导层的决策，错误的决策势必影响企业的发展。

（二）企业会计信息系统风险来源

1. 内部风险来源

（1）会计信息的保密性

会计信息的保密性指的是企业的内部人员在没有获得上层领导的批准下私自对会计信息进行访问，甚至对数据进行篡改和破坏的行为，最终发生风险。比如说会计人员为了达到自己的一些目的对程序和数据进行篡改，使得数据失去真实性，或者有一些非法的人员采取不正当的手段将企业的重要机密进行篡改都属于这类的风险。会计信息系统在大数据的环境下具有开放性的特点，这种特点也就导致企业的会计系统不光会计人员可以操作控制，所有的企业内部人员都能操作控制，这无形中就加大了信息泄露的风险，并且由于人员的广泛性还会加大查找锁定泄露源头的难度。

（2）计算机软硬件技术不足引致的风险

计算机软件和硬件的技术决定了信息系统的运行情况，所以，信息技术如何先进都不可能是完美的，都有自己的缺陷，而这些缺陷也就是造成信息风险的原因。我国的电算化虽然得到长足的发展，但是仍然不可避免地出现一定的问题，这就导致会计信息系统从出生就带有隐患，企业在使用的过程中也很难找到问题的所在，如果出现故障，就会对企业的信息和数据造成很大的损失。

2. 外部风险来源

（1）系统关联方风险

市场竞争的环境下，企业要想发展离不开和各方的协作，在大数据的影响下企业要和各个关联方建立统一的外联网，这样企业就可以利用外联网查询数据，和关联方交换数据，这种外联网可以用模拟网来实现，但是外联网有一个很大的弊端，就是关联方完全可以通过网络入侵企业内部，这样数据盗窃和知识产权侵权就会可能发生。

（2）恶意黑客

恶意黑客是指非法入侵到企业的系统中，将重要的账号和密码窃取，或者窃取一些重要数据的行为。恶意黑客可以通过非法入侵将企业的关键程序篡改，将系统摧毁，甚至导致系统的瘫痪，并且这种瘫痪很有可能是不可逆的，企业最终丢失数据，没有办法正常运行，给企业带来巨大的损失。这种恶意入侵造成的危害十分大，不仅会使会计信息系统丢失，影响企业经营，而且还会让企业的其他信息被泄露，让公众提早知道企业的信息，从而不利于企业的贷款和融资等，给企业造成打击。

（三）解决企业会计信息系统问题

企业会计信息系统的硬件损坏导致信息丢失的问题需要加强企业的会计信息系统的硬件建设，减少因为硬件的问题造成企业的会计信息系统的安全问题。

首先，在硬件购买的时候，企业要提前将成本和质量综合分析考虑好，企业的需求和本身的经营情况是什么样的就购买适合自己的硬件设备。其次，企业的硬件设施搭建好之后，一定要多次测试，将硬件的弱点和优势全面掌握，这样在使用的时候就会尽量避免弱点的使用，减少安全隐患。再次，定期对会计信息系统进行系统化检测，如果检测到问题，就要请专业人员维修或者更换硬件，保证企业会计信息系统的安全性。同时企业也要对员工进行信息安全方面的培训和教育，将员工的工作积极性激发出来，树立良好的责任意识和集体荣誉感。

另外，现代的人们在生产和生活中越来越依赖互联网，中小型企业要在发展中增强自己的服务意识和竞争意识，不断提高自己的技术，让企业在生产和服务的过程中根据客户的满意度和反馈情况，不断将优化自己的信息，增强用户的体验感，最终促进自身竞争力的提高。

二、大数据与企业会计信息系统

（一）数据与信息的关系

数据（data）是事实或观察的结果，是对客观事物的逻辑归纳，是用于表示客观事物未经加工的原始素材。信息是一种被加工而形成的特定的数据。形成信息的数据对接受者来说具有确定的意义，它对接受者当前和未来的活动产生影响并具有实际的价值，即对决策和行为有现实或潜在的价值。首先，并不是所有数据都对信息进行表示，事实上，信息属于已经消化的数据；其次，信息能对现实概念进行更为直接的反映，而数据就是其具体体现，因此，信息并不会因为对自身进行载荷的物理设备的改变而改变，数据却不一样，数据存在于计算机化的信息系统之中，密切关联于计算机系统；再次，通过对数据进行提炼、加工，我们能够得到信息，信息属于有用数据，能够为人们的正确决策提供帮助；最后，对于决策而言，信息有着很大的价值。一定量的数据包含一定量的信息，但并不是数据量越大信息量就越大。

（二）大数据背景下企业会计信息系统的风险

1. 会计信息系统风险

在开展会计工作时，企业会对很多大数据技术进行应用，不仅能够对整理、采集信息的速度予以提升，而且更能对企业整体的办公效率进行提高。但是，站在另一视角来看，由于计算机控制着企业会计信息化系统，因此，一旦计算机出现故障，必然会直接影响会计信息，甚至可能导致数据丢失。这种情况的发生，会使得会计信息系统出现瘫痪状态。会计信息系统呈现的分布状态为网状，所以在大部分情况下，唯有得到远程软件的支持，会计工作才能顺利进行。如果某个环节出现故障，整个系统都会受到影响，导致会计工作无法正常进行。当前，我国会计信息化中最大的风险、最大的问题就在于此。此外，假如系统出现漏洞，黑客就有可能对该漏洞进行利用，攻击会计信息系统，导致企业财务信息的泄露。

2. 会计信息数据风险

信息化发展至今，所展现的典型特点之一就是，在会计信息化中应用大数据技术，能够轻松地对其形成的电子数据进行修改，同时不会造成痕迹的遗留。此外，将大数据技术应用于会计工作中，一方面可以将科学共享的信息化平台建立起来，另一方面还能对企业会计信息化的成本进行降低，对会计信息化效率予以提升。不过，要注意的是，在此过程中，由于电子数据被储存于硬盘中，很容易在使用时对磁性介质进行覆盖，且这种覆盖是难以得到还原的，这也会阻碍会计工作。因此，在对会计信息系统进行使用时，企业内部员工要慎之又慎地修改数据，要认识到每个数据都可能对企业造成难以弥补的损失。如果会计人员不慎删除了企业和其他企业合作的财务数据，就很难对其进行找回，一旦企业和其他企业在合作中出现矛盾、纠纷，就缺乏有力的辩驳证据，从而处于劣势地位。

3. 行业竞争的风险

在大数据背景之下，将云计算、物联网等方式进行结合，能够提高其使用率、普及率，将更多的便利带到人们的工作与生活中。但是，大数据技术在得到普及与应用的时候，也将新的压力带给企业，让行业之间、企业之间有着越发激烈的竞争。在这种情况下，部分企业会利用一些不正当手段，对其他企业相关的会计信息进行获取，甚至对专门的黑客进行雇用，让他们对其他企业会计网络进行攻击。通过利用专门技术，黑客能够对其他企业相关的会计数据进行修改，对企业数据库进行破坏，使得该企业会计系统呈现瘫痪状态，导致该企业承受巨大损失。上述不正当的竞争手段，会对我国经济市场的氛围进行严重扰乱。

4. 网络病毒的风险

随着会计信息化向前迈步发展，网络病毒也在悄无声息地发展变化。对于信息而言，其无时无刻不在承受着网络病毒的威胁。网络病毒不仅能够借助磁性介质进行传播，还能通过网络进行传播，且传播速度极快。企业会计信息系统只要被网络病毒非法攻击，就很有可能出现瘫痪，更可能向公众传播、公开自身财务系统，这严重影响企业发展。此外，在计算机中，有的病毒存在非常隐蔽，只有满足特定情景，才会开始传播。所以，长期以来，企业会计工作都具有一定风险，不知何时就会遭受病毒攻击。

5. 信息平台安全风险

步入信息化大数据时代，企业信息安全直接影响着企业财务的工作质量，甚至对企业综合发展也产生影响。一个企业的命运，很大程度上关系着其是否能对自身商业机密进行保护。企业会计信息就是一项至关重要的机密，极大地影响着企业的生存与发展。尽管在当今企业发展中，会计信息化是无可避免的发展趋势，然而通常来说，不会有企业愿意主动将自身会计信息发布在共享平台上。其原因在于，会计信息所述的共享平台上存在众多安全问题，有待进一步完善，如果企业在共享平台上发布会计信息，很可能会被不法分子以及竞争对手窃取机密文件，从而严重影响企业生存与发展。因此我们亟须通过相关法律法规以及标准化制度对会计信息共享平台进行管理，防止暴露会计信息。

（三）大数据背景下企业会计信息系统的构建对策

第一，积极采取有效措施，对会计信息系统功能进行完善。置身大数据背景之中，想要在企业财务管理中充分发挥会计信息系统的重要作用，企业应当对会计信息系统的功能模块进行优先考虑。实践中，企业需要以云计算为基础，以大数据技术为前提，立足自身实际情况，将会计信息系统建立起来并对其进行完善，保证会计信息系统能够行之有效地起作用。通常而言，大数据技术的特点为信息处理速度快、数量大，而云计算技术特点为具有灵活性、高适应性，通过对二者进行利用，能够对企业以及各个合作者的需要进行更好地满足。此外，在对会计信息系统进行完善的同时，企业也要对市场准入制度以及行业标准进行积极了解，从而对自身存在的问题及时发现、及时解决。

第二，针对会计信息系统做好防范工作，保障数据信息处于安全状态。我们都知道，置身大数据背景中，各先进技术（如网络技术、计算机技术）应用越发广泛，如果我们想要发挥企业会计信息系统的作用，就需要得到上述先进技术的支持。然而，如前所述，立足另一视角，由于计算机网络具有开放性，因而存在一定风险，易受病毒攻击、黑客侵袭，在这种情况下，会计信息系统中的数据信息所遭受的安全威胁是巨大的。所以，当企业将会计信息系统建立起来后，为了保障数据信息安全，使其能真正起到作用，就应当针对会计信息系统做好安全防范工作。例如，将防火墙建立起来，对具有相关专业知识的工作者进行引进，对数据安全进行全方位保护。

第三，进一步强化会计信息化人才建设工作。各项工作的顺利开展，最重要的、最关键的还是"人才"。置身大数据背景中，想要进一步推动会计信息化事业的发展，就要强化人才建设工作。然而，现如今，既精通计算机技术又精通会计知识的复合型人才处于紧缺状态，所以，我们亟须对复合型会计信息化人才进行培养。我国可以着眼于教育领域，对会计教育改革进行推进，在会计专业的相关课程中合理融入会计信息化理念，从而将更为完善的会计信息化教育环境构建起来，将更多优秀的复合型会计信息化精英输送给社会。除此之外，企业也应当对在职的会计人员进行培训，并进一步强化培训力度。通过开展讲座、实践训练、会计继续教育培训等方式，对会计人员的专业基础知识不断强化，使其不断提升专业技能，向着会计信息化人才迈进，最终为会计信息化事业发展注入强大动力。

第二节　大数据背景下会计信息服务平台的构建

一、会计信息服务平台的构建

（一）会计信息服务平台的提出与发展

20 世纪七八十年代，有学者就曾经指出，会计制度不仅要服务于企事业单位微观经济，更要服务于国家宏观经济管理与决策。1988 年 6 月，《会计研究》上刊登了陈毓圭、余秉坚的论文——《进一步解放思想加快和深化会计改革》，论文指出，要对会计信息服务平台进行建立，并将其作为改革会计管理体制的主要举措；要对统一的会计准则进行建立，并以此为基础，将会计工作管理部门建设为面向所有实行独立核算的单位与企业的会计信息服务平台。会计信息服务平台根据会计报告制度的要求，遵循统一的会计规则，统一对各种会计信息进行收集、储存、整理、加工，对数据的真实性、可比性以及利用效果进行提升，将财务会计咨询、会计信息服务提供给政府、企业与其他各方；要对当前时效较差、数据失真、口径不一、指标繁杂、信息不全、多头管理的状况予以克服，将提供及时、准确无误、信息齐全、指标统一、资料共享、数出一门的会计信息处理系统建立起来。①

① 余秉坚，陈毓圭 . 进一步解放思想 加快和深化会计改革 [J]. 会计研究 .1988（03）：6-12.

1991 年 7 月，财政部对《会计改革纲要（试行）》进行印发，明确了会计改革的两大目标，其中之一，就是对会计信息服务平台进行建立。1995 年 7 月，财政部对发布《会计改革与发展纲要》，正式对“建立会计信息服务平台，有效利用会计信息资源”的总体目标进行提出。随后，财政部也积极地进行探索与实践。

1992 年，在对已有试点进行巩固与总结的基础上，在山东省莱芜市，财政部又设立试点。通过行业主管部门收集财务信息，随后向财政局的会计信息服务平台进行报送，继而汇总、分析，为地方宏观经济决策提供更为全面的信息。财政部有关领导及学者纷纷肯定了这一试点，认为构建会计信息服务平台，能有效地服务于宏观管理。然而，受到当时体制以及条件的局限的影响，我们没能在全国推广会计信息服务平台。这是因为，当时企业信息化程度较低，主要的财务记账手段仍是手工记账。此外，不充分的数据利用、不统一的数据标准以及对管理体制的调整，都对会计信息服务平台在全国的推广产生不利影响。

伴随新形势的到来，构建会计信息服务平台的热潮出现复苏。1983 年，美国证券交易委员会着手建立能够对全国会计信息进行收集的数据库，即 Electronic Data Gathering,Analysis and Retrieval system（电子数据采集、分析和检索系统），简称 EDGAR。2001 年，其开始对 XBRL 形式的财务报告进行提供，便于信息使用者对财务信息进行获取。2010 年，我国财政部与国家标准化委员会分别对 XBRL 的通用标准和技术规范进行颁布。2011 年，由财政部会计司承担的《基于 XBRL 的标准财务报告平台建设及示范应用》这一国家科技支撑项目顺利通过验收。在部分基层财政部门，会计信息服务平台得到了应用，并有所发展。例如，张家口市对行政事业单位的会计信息化平台进行建立，将监督、管理集于一身，对会计信息进行实时监管、资源共享、数据互通、标准核算，极大地实现了现代化管理水平的提升。基于 XBRL，艾文国等研究者设计了国家会计信息服务平台。为了改革的顶层设计，国家必须对微观主体的财务信息进行掌握，全方位分析区域、行业，从而对各级政府面临的改革问题进行更好地解决。

（二）会计信息服务平台的系统构成

会计信息平台是会计人员利用计算机技术、信息技术完成业务事项交易、确认、计量、存储与报告工作，并用于企业决策。会计信息服务平台中主要包括会计决策支持系统、会计信息资源管理系统、会计业务管理系统以及其他辅助系统。

1. 会计业务管理系统

会计业务管理系统，主要承担的任务是传输、储存、处理、收集会计信息，从而对企业的经营现状进行反映，同时对其有力控制、全面监督。会计业务管理系统旨在对会计信息处理效率进行提升，促使相关会计工作人员对烦琐复杂的会计信息进行高效处理。所以，会计业务管理系统对信息加工处理技术、信息组织技术非常重视。相较于传统会计信息系统，会计业务管理系统能够更加具体、全面地对主体经营互动进行反映。随着信息化时代的全面到来，就当前企业发展需求来看，其已经无法被二维会计信息所满足。所以，会计业务管理系统要对"人"的信息进行全面引入，从而更加凸显信息资源。会计业务管理系统要对现代化技术（如网络通信技术、多媒体视频点播技术、计算机网络技术）进行充分利用，将企业会计信息仓库建立起来，实时传输各种复杂烦琐的会计信息。

2. 会计信息资源管理系统

会计信息资源管理系统主要对企业各种信息内容进行管理，通过对各种类别的数据资源进行高效整合，对企业外部决策效率予以提升，对企业内部控制管理予以强化。在加工处理多种信息之后会计业务管理系统会将其向会计信息管理系统进行传送。当然，会计信息管理系统内部信息更多来自企业供应链，而不是仅仅来源于会计业务管理系统。除此之外，站在企业发展角度，不仅经济活动中产生的信息是有价值的，而且国际、社会、文化、政治、科技等多方向信息内容同样是有价值的。所以，会计信息资源管理系统有着广泛的信息来源，这样，当企业进行决策管理时，不仅能对财务信息进行参考，也能对多种多样的非财务信息进行参考。同时，不仅能对企业自身内部信息进行高效管理，也能通过对外界评价信息的综合，将前瞻性的、全面的决策建议提供给企业，从而帮助企业实现更大价值的创收。

现如今，在企业中应用最多的信息化手段，当属ERP。同时，ERP也是信息资源系统中最为典型的一个。企业会计信息资源管理系统要对ERP系统进行积极利用，帮助工作人员完成严谨推理、科学判断、全面分析等内容，从而为经济结构的优化、企业产业的增值提供更为有效的信息。

3. 会计决策支持系统

会计决策支持系统，这种计算机系统采用人机交互模式，凭借人工智能技术将各种数据信息提供给管理者，辅助其进行决策。会计决策系统主要由模型库、方法库、数据仓库三方面构成，旨在对会计信息仓库中半结构化、非结构化的决策问题进行解决。数据库信息由会计业务管理系统与会计信息系统提供，从而将有效的会计数据信息提供给决策者。模型库主要对类似于筹资模型、预测模型等管理模型进行保存。方法库和成本计算、量本利分析等计算方法十分相似。会计决策支持系统的理论基础主要为控制论、管理科学、运筹学、行为科学等，主要手段为人工智能技术，借助来源于会计信息系统的众多信息，对决策者进行辅助，使其能做出更高质量的决策。会计决策支持系统，需要密切跟随国际发展共享，对先进技术进行引进，将更适合企业发展的模型创设出来，将更为合理、科学的决策建议提供给企业，促进企业发展。

（三）我国会计信息平台构建存在的问题

1. 建设会计信息平台人才的缺失

（1）复合型会计信息系统人才不足。所谓复合型会计信息系统人才，就是既能对计算机熟练运用，又对会计专业知识有着深厚积累的人才。然而，现如今，我国大多数企业中都缺乏复合型会计信息系统人才。同时，伴随信息化持续升级，会计信息化也对会计人员提出了越来越高的要求。我们必须看到，当前很多会计人员已经无法与时代需求相适应。

（2）会计人员未能深入认识会计信息平台。当前，在大多数企业中都存在如下问题：未能正确评价自身信息化基础，管理不善。企业能否发现自身问题，决定着企业会计信息化目标，更直接影响着企业会计信息化实施是成功还是失败。然而当前，企业中的会计人员对会计信息平台没有足够的认识，这对企业会计信息化实施来说有着很大的不利影响。

2. 自身会计信息系统不健全

（1）会计信息系统未具有足够的安全性。企业的命脉，很大程度上受企业经营管理活动安全性的影响，而企业经营管理活动的安全性，又密切关联于会计信息的安全性。会计信息的安全性是会计信息化的核心，也是企业开展电子商务交易的前提条件，更是进行会计监督的保障。然而，在部分外界因素的影响下，会计信息化尚未具有足够的安全性。

（2）对账务处理功能更为重视，而非重视管理功能。会计信息系统是企业信息系统中的一个子系统，更倾向于管理层面。但是当前，企业只是对财务软件中的会计核算功能进行利用，没有充分利用系统中的管理职能。

3. 外部环境影响会计信息系统发展

有关会计信息化安全的制度、法规较为落后，是外部环境对会计信息系统发展影响的主要体现。技术条件、核算、电算化等因素的变化，属于企业外部环境变化，都会影响财务活动，其中财务报告的编制、错账更正方法以及会计账簿的等级，对财务活动有着较大影响。就当前来看，并没有完善的制度对企业外部环境进行规范，在会计信息系统的安全管理方面，力度不够、较为松散，未能将完善的安全防范系统建立起来。

4. 引入会计软件的盲目性

伴随信息化的迅猛发展，我们在对 ERP 系统进行运用时，会涉及越来越多的领域，这也使得在引入 ERP 项目时，企业管理者存在一定盲目性。通常来说，企业管理者会根据 IT 专业技术人员的建议进行选型，或者根据基层管理人员的建议安排实施，在软件类型选择以及供应商选择方面，没有较强的管理力度。部分企业在选择供应商时，并未重视 ERP 上线后的作用，而是仅仅注重价格高低和产品功能。同时，也有部分企业对 ERP 系统所起到的作用有过高的估计，认为其上线运行后，能够解决企业面临的一切问题。实际上，ERP 系统上线运行后，企业还应为其提供相关数据、相应配套设施，对其加以完善。

二、大数据背景下会计信息服务平台的构建分析

（一）大数据背景下会计信息服务平台构建问题

当前，由于会计信息服务系统和其他信息系统间没有较高的集成程度，因而业务板块之间存在信息难以互通的问题。例如，业务系统与财务系统相分离，无

法收集分布在不同存储器与系统上的业务数据，容易导致信息孤岛问题。在这种情况下分析财务数据，所得到的结果无法有效支撑业务活动的开展。财务部门承担对相关数据信息进行采集的工作，需要固定资产管理人员、出纳、会计共同配合，而这也导致出现重复采集数据的情况，让数据汇总工作变得更加艰难，也会导致财政资金的浪费。在分析数据信息时，系统整体信息反馈不及时，较为迟缓，无法保障高效化、智能化地处理各类收支信息，难以实时地、全面地掌控各类资金信息，导致未能将大数据生态在会计集中核算中建立起来，这些都阻碍了会计信息的利用与共享。

（二）大数据背景下会计信息服务平台构建策略

1. 做好数据中心规划

在会计信息服务平台的构建实践中，我们需要做好数据中心规划。

当各单位财务管理系统实现统一建设后，应当将智能财务信息平台在数据中心建立起来，通过对数据库进行利用，提升数据资源存储与采集能力，并对云计算、大数据等算法进行利用，智能化挖掘数据信息，为实现平台各项管理功能提供强有力的技术支撑。

对云平台进行搭建，要将 IaaS（基础架构即服务）布置在系统底层，对各种软件资源、硬件资源进行集中，让计算能力、存储能力得到提升；要将 PaaS（平台即服务）布置在中间层，对软件开发、数据安全管理、数据分析等提供服务；要在最顶层对 SaaS（软件即服务）进行利用，对云会计加以构建，提供软件、硬件应用模式，借助互联网、分布式计算等支撑，实现在线会计集中核算。

通过用户终端，各单位能够进入数据中心的智能财务信息平台，在该平台上传原始凭证等内容，并通过智能财务信息平台，对有关数据信息进行获取。经过总部财务人员审批后，能够完成各单位信息流、资金流的深度分析，进行预算管理、资金管理，严格执行预算计划、经费开支标准等内容。

2. 做好平台数据分析

对会计信息服务平台进行搭建，需要系统分析、处理所收集的各类数据，确保高效开展会计信息服务工作；要能依照会计科目完成数据分类，对数据分析模型进行建立；要能凭借设置算法、指令规则，完成数据整理、数据分析，同时通过对报警阈值的设置强化监督管理。在实际核算的过程中，由于不同企业有着不同的业务，因而需要从业务架构、特点以及关注的关键指标出发，对模型进行设定。我们可以首先设定日常科目的核心常量，如固定费用、系数等，随后对应用场景、历史数据进行分析，获得固定公式，然后对假定条件进行设置，将公式修订完成。要将各类模型，如业绩预测模型、费用模型等建立起来，对多种分析方法，如关联分析、变动分析、结构分析等进行采用，从而确保能够智能、集成地分析和处理会计信息数据，对会计信息数据中的异常进行捕捉，科学预测数据变化规律。结合预算、设定费用等各项阈值，我们能够将超标报警及时发出，从而将财务职能从核算方向推向决策方向。

3. 做好数据集中部署

按照会计信息服务平台建设思路，应集中对信息系统和服务平台进行部署，依靠集成化建设，对统一信息系统技术标准进行构建。通过在系统内达成集成规范的固化，系统间能够进行互联互通，各业务系统和各层级能够实现深度集成，更有力地支持数据融合与共享。立足平台架构角度，其含有两部分内容，分别是软件与硬件。硬件包括信息安全设施、网络传输设施、数据存储及处理设施、云计算平台，可被用于完成数据存储、数据处理、数据传输、数据采集等操作。软件则对模块化设计方式进行采用，内涵多种子系统，能够对多维数据结构进行形成。软件包含两部分，其一为项目管理系统、物资采购系统、资产管理系统、生产经营系统等业务子系统，其二为会计财务研判、分析、预测、核算等财务子系统。

三、大数据背景下基于“云会计”信息服务平台的构建分析

（一）“云会计”概述

1. 云会计的定义

所谓云会计，就是置身云计算环境中的会计工作。云会计的实质就是对云技术进行利用，在互联网上将虚拟会计信息系统构建起来，完成企业的会计管理、

核算等内容。云会计将对会计工作信息化发展起到强大的推进作用。

2. 云会计的特点

从传统意义角度看，企业认为，自己购买的会计软件属于“产品”，会在购买后，在电脑操作系统中对其进行安装。然而，在云会计框架下，企业向线上服务提供商购买的并非会计软件的所有权，而是使用权。

3. 云会计的优势

对于现代企业财务管理信息化而言，云会计可谓一把“利器”。“远程操控”是云会计的一大显著优势。置身云会计环境中，会计信息在“云端”得到共享，会计人员可以登录电脑、平板、手机等终端，对会计业务进行随时随地的处理，从而实现自身工作效率的提升。企业管理者可以实施挖掘、分析融合后的非财务信息与财务信息，系统而全面地预测、识别企业经营风险，并对其进行应对与控制，从而让企业柔性适应市场变化。

4. 云会计的其他问题

虽然云会计的应用能带来诸多便利，但是在对云会计是否采用问题上，考虑到会计信息安全性问题，很多企业依旧选择观望。以云计算的部署模式为基础，同一云端存储着大量数据，假如云存储中心被人攻击或破坏，将产生难以承受的后果，影响到无数企业。假如由于意外，企业的核心数据出现泄露，被其他公司得到，那么造成的后果是十分严重的。企业会计信息化实施的成效，很大程度上受到云会计服务提供商的影响，所以，企业应当对云会计服务提供商进行慎重选择。在对云会计服务提供商进行选择时，需要综合考虑服务商的信誉、服务价格、对外服务、规模等因素，同时也要对云会计服务的技术支持、可扩展性、可定制性、稳定性、安全性进行考虑。

（二）大数据背景下“云会计”信息服务平台的构建

1. 大数据背景下“云会计”信息服务平台构建的必要性

当前，我国综合实力持续提升，信息化社会大步发展，在企业会计工作中对大数据技术进行应用，能够有效地对企业核心竞争力进行提升。有很多因素会对企业的发展历程进行影响，如消费者的评价、市场占有率等，假如不进行创新，始终对传统工作方式进行延续，那么企业需要投入大量人力、物力资源来完成收集信息工作，也会导致会计工作难度的增加。然而，在会计工作中对大数据技术进行应用，有利于企业对大量有效信息进行收集，使企业的业绩水平得到真正提升，同时还能让企业的综合实力在激烈的行业竞争中得到提升。在社会经济飞速发展的浪潮中，大部分企业不断扩大着发展规模，内部员工数量也越来越多，此时，市场需求也对企业进行刺激，要求其对业务规模不断扩大。相较于传统的发展形式，新的发展形式为企业带来更多的信息与事务，也要求企业具有更高的运行效率。基于此，我们必须将大数据技术应用于企业会计工作之中，从而让信息收集更加精准、高效，降低资金的使用成本，让企业的成本结构逐渐变得科学化，也使得企业运行效率不断提升。

传统的会计核算要想与IT技术快速发展的时代相适应，就必须实现信息化。将大数据思维注入会计工作之中，不仅能够推动企业应用各种管理系统，建立会计的财务数据管理系统并进一步完善，而且能够同时有效地控制企业风险，对企业的财务风险进行精准识别，对企业会计信息化水平进行提升。一方面，应用大数据、云计算等新兴技术，能够方便企业对信息进行实时的采纳与收集，保障信息计算、处理更加快速、更加规范，继而有效改进企业各项经营管理要素，对企业的市场竞争力进行提升，防止浪费人力与物力。在有效利用各种信息资源的基础上，企业的会计信息化水平也随之提升。另一方面，构建“云会计”信息服务平台有利于对会计信息化系统进行完善。置身互联网大数据时代，企业有着越来越大的数据规模，对于企业管理来说，很重要的一部分任务就是存储、分析数据。通过云计算的发展，企业数据信息的存储空间得以扩大，也有了更加完善的技术分析。通过运用这些技术，企业能够更加高效、准确地处理库存、销售、采购、利润、费用、成本等各方面数据，实现更为精细的会计分析，充分发挥会计的优势，将准确无误的信息提供给企业管理者，帮助其做出更为正确的决策。

2. 大数据背景下“云会计”信息服务平台的构建策略

（1）要对大数据共享平台的使用层级进行完善，对权责明确的管理体系进行搭建。

第一，要保障企业财务决策人员拥有最高管理权限，能够对会计全流程的数据信息（入账、拨款、核销信息等）进行审批，还能够对下级会计人员的权限进行管理与限定。第二，要对基层会计人员在自身负责环节的实名管理权限进行保障，同时对其他环节的浏览权限予以设置。第三，部分业务部门存在与会计部门共享信息的需求，可以将只读权限设置给相关人员，使其能够对企业发展动向进行把握，对企业财务状况有所了解，及时对企业相关会计信息进行获取。之所以只为上述相关人员设置只读权限，而未让其具有修改权限，主要是防止他们为了获取自身业绩的利益，对会计信息擅自进行修改，从而更好地保障会计信息质量。除此之外，无论哪一级使用者，只要开通了大数据会计信息一体化共享平台使用权限，我们就要对其进行账号设置，落实一人一号，防止出现权责不清、推诿扯皮的现象。

（2）应当对会计信息一体化建设中的监管层级体系进行完善。

从技术层面看，依托大数据共享平台的会计信息一体化系统专业性更强，同时，由于平台中与资本有关的会计信息，紧密关系着企业生存的命脉，因而应当进一步提升管理的严谨度。在建设平台的过程中，可以通过时间管理、流程管理，进一步完善监督管理层级。针对流程管理，企业应对权责明确的流程清单进行设置，结合市场动态、会计准则，对流转体系进行搭建，确保职权平行的独立使用者分散地享有各项会计信息的录入、复核、签批、核报权限，对会计信息在企业内部的公开工作予以保障，实现权责相互监管、制衡的效果。针对时间管理，企业可以对会计信息公开报告定期归档整理，让企业员工主动对会计信息进行披露，从而实现全民监管。

第三节　大数据背景下会计信息化的运行环境

一、大数据环境与会计信息化建设分析

（一）大数据环境特点

1. 具有更大的信息容量

无论从数据种类方面看，还是从数据数量方面看，大数据环境都称得上对传

统数据的延伸与补充。我们都知道，一般来说以TB为单位对数据的体量进行计算，1TB=1024G，而如果将其换算为字符，我们所得到的数字是极为庞大的。全球的数据存储量正逐年增长，置身于大数据环境中，企业对大数据进行运用，能够对各种数据进行联合使用，凭借强大的信息处理能力，对各种不同处理方案进行优化。

2. 具有较为突出的关联性

实际上，大数据的处理能力十分近似人类的大脑。大数据处理能力比传统的数据处理更为强大。例如，在企业的会计信息化工作中，如果我们通过传统数据处理方式处理记账信息，一般会在Excel中对其进行存储，即制作平面表格。然而，置身大数据环境中，我们可以多层分类存储数据信息，对用户的特征进行及时捕捉与分析，从而体现出更强的逻辑性、关联性，而非模式化地计算、存储表格中的信息，这种处理方式过于简单。

3. 具有很快的处理速度

大数据技术演化自数据挖掘技术。大数据技术比传统的数据库处理技术拥有更强大地数据信息筛选、查找的能力。在实践中，大数据处理技术包括流处理、批量处理两种不同的处理方式，无论哪种方式，都能快速对数据进行处理。

（二）会计信息化建设风险

1. 建设决策失误风险

企业的会计信息化建设，应当结合自身发展战略规划以及经营状况进行。企业应当对当前运营存在的问题以及现状进行全面且深入的了解。现如今，很多企业都没能深入分析自身问题、明确长期发展规划，在企业信息化建设过程中，自然也就没能制订长远的、可持续的目标，没能从自身需求出发，对合适的供应商进行选择，从而受到供应商蒙蔽，对需要解决的问题“视而不见”。此外，如今我国会计信息化建设仍处于初级阶段，会计信息系统的供应商多是对国外系统进行引进，故而在实际应用时也有着水土不服的风险。

2. 专业人才队伍缺乏

当前，会计信息化正在飞速发展，然而与会计信息化相关的人才队伍建设却十分缓慢，且步履艰难。实践中，会计人员存在如下问题：未能准确、全面理解会计信息系统，工作效率较低、工作质量不高等。因此，会计信息系统的作用在实际工作中并未得到真正体现。除此之外，会计信息系统使用人员以及企业管理者未能准确评判会计信息系统价值，对其进行低估，基于此，管理容易认为会计信息系统建设有着低回报率，这对会计信息系统的后期投入与再建设有着十分不利的影响。

3. 数据安全存在风险

尽管人们享受着网络科技发展带来的诸多便利，然而也要看到，其同样带来了很多安全隐患。会计信息系统中，往往存在些许漏洞，黑客、病毒都会抓住这些漏洞对系统进行侵害，此时，会计信息就会存在危险。部分企业由于顾虑安全问题，所以并未进行会计信息化建设。此外，对于国内云会计服务，我国尚未拥有明确统一的、国家认可的安全标准，自主建设的云会计供应商也较少，在这种情况下，如果云会计服务器因为自身不足出现问题，或者受到黑客攻击破坏，或者遭遇自然灾害，都很可能导致数据丢失，造成难以挽回的后果。

（三）会计信息化风险分析

1. 缺乏科学认识和配套支持

尽管企业管理者能够从战略层面对会计信息化的重要价值有所认知，然而具体到实践操作中，仍然面临部分问题。例如，作为一项常态化工作，会计信息化建设需要企业不断进行投入，从而对系统硬件进行维护，对系统软件进行更新。然而当前，很多企业对会计信息化的投入都是“一次性”的，尽管其在前期花费大量资金对硬件进行采购，但是在会计信息平台建立之后，企业就仿佛完成了任务，不再继续投入资金对平台进行维护，这将导致系统存在运行不够稳定、兼容性较差等问题。如果在正常使用系统时，突然出现故障，那么会计风险发生的概率也会大大增加。

2. 数据资源管理模式单一

现如今，云技术、大数据愈发成熟，人们能够将有价值的内容从海量信息中提取出来，并对其整合、汇总，将其利用价值充分发挥出来。所以，现代企业会计工作包含开发利用数据资源、科学管理数据资源。当前，尽管会计工作者、企业管理者越发重视数据资源，但仍旧采取单一的管理模式，面临着潜在风险。例如，数据的存储，那些对企业商业机密有所设计的财务资料、会计数据，通常被存储在物理服务器中，虽然企业安装了安全防护软件，对防火墙进行启用，但是仍然难以防范黑客攻击。一旦遭受黑客攻击，很可能导致会计信息泄露，造成重大损失。

3. 忽视会计人员的职业培养

在大数据时代，会计从业者应当不断提升自身技能、技术，与时俱进、开拓创新，只有这样才能保证自己有较强的岗位竞争力。当前，很多企业在建设会计信息系统上给予高度重视，但却未能正确、科学地认识在职会计人员的培训。例如，尽管人力资源部门定期对会计人员进行组织培训，但培训内容却未能与时俱进，老套而缺乏新意，没能及时增添会计信息系统的开发、财务软件的操作等内容。因此，哪怕企业建立了较为完善的会计信息系统，由于会计人员对该系统不熟悉，不懂得如何进行操作，也难以真正发挥会计信息系统的优势，无法真正实现其功能价值。而且如果会计人员存在操作失误，甚至会导致风险的产生。

4. 安全管理制度的建设滞后

企业进一步增加资金投入，都能在较短时间内实现会计信息化软件、硬件水平的提升。然而，企业往往忽视了与之配套的安全管理制度的建设，未能将适应于会计信息化的制度体系建立起来。例如，步入大数据时代，无纸化办公得到广泛普及，成为一大趋势，电子数据占有越来越高的比重，基于此，企业应当对电子数据的安全予以重视，将其保管工作当作重中之重。然而，当前很多企业财务部门的规章制度中，都没有明确电子数据的保管问题，使得许多会计人员没能对电子数据加密的保护技术予以掌握，也没有形成定期对电子数据进行备份的习惯。在这种情况下，假如有黑客进行攻击，或者系统出现宕机问题，都可能导致企业丢失会计信息，不仅承受经济损失，而且更可能面临商业风险。

二、大数据对会计信息化运行影响分析

（一）为企业提供资源共享平台

在企业中，会计工作的发展历史长达数百年，是非常重要的工作组成部分。现如今，信息化技术日新月异，经济市场竞争也越来越激烈，企业唯有从自身实

际出发，与时俱进，方能在市场经济中始终处于优势地位。置身大数据时代，企业将大数据技术合理地应用于会计信息化建设之中，能够将有着广泛的内容、丰富的资源的数据信息共享平台搭建起来，使得相关财务信息数据凝聚为有效的信息链条，相关的会计工作人员可以共享。由此，会计工作人员就能凭借数据信息共享平台，随时调整有关工作内容，切实提升工作质量和效率。

（二）有效降低企业会计信息化成本

对于很多企业，尤其是中小企业而言，建设会计信息化需要很高的成本，使其背负更多资金压力。但是，置身大数据时代中，企业应用大数据技术实现会计信息化建设，不仅能够减少会计信息化基础设施建设投入，节约开支，还能行之有效地降低企业会计信息化成本。

（三）提升企业会计处理效率

在过去，会计工作人员想要进行会计核算，必须遵照固定流程，而且，人工核算也可能导致误差的产生，为企业造成不必要的经济损失。置身大数据时代，企业开展会计信息化建设，能够将传统的人工核算方式转变为信息化技术手段，不仅能使会计工作人员的工作压力得到减轻，还能使企业的会计工作效率大幅提升。

三、大数据背景下会计信息化的发展方向

大数据所带来的影响有着明显的双重性，可积极，也可消极，它在发展中不仅能为财务信息使用者提供信息支持，同时也能更加准确地评估资产的公允价值。另外，它能有效节省数据加工整理过程中所消耗的经济成本和时间成本。因此，大数据时代会计工作应充分利用大数据来提高企业的会计信息化水平，让投资决策者和信息使用者获得一定程度的解放。

（一）更新会计工作思路

传统的会计流程在大数据时代下饱受冲击，为了紧跟这一时代的前进步伐，信息技术和网络应用必须脱离单一的软件操作或运算方式，建立新时代下全新的

工作模式，同时，需要全新的理念来指引会计信息化，为其准确定位，尤其是会计数据的搜集工作，尽可能地扩大数据信息的搜集范围，搜集内容包括企业真实经济业务的结构性数据信息和促进企业发展的非结构性数据信息。除此之外，还有数据的加工、传输和报告，这些工作的完成需要最合适的方法和硬件设备，同时对会计人员的综合能力也是一个挑战，选择不同的工作方法来分析数据资源，构建新型工作模式，统计和记录有价值的数据信息，以便信息使用者使用。

（二）风险防范是会计信息化发展的重点

大数据时代有着新型工作模式、海量的信息资源和复杂的经营环境，在这三者交互下进行会计工作，要求企业与外界建立一种常沟通、多交流的密切关系，然而，在这个关系维持的过程中，会计核算数据势必存在流失的风险。数据信息的迅速增长和运算速度的不断提升，加大了会计核算的难度，同时使得会计数据更容易流失。信息技术的发展带来的直接后果是企业获得便利，新型的计算工具和运算方式能够促进信息处理方式的变革。但是，一些网络犯罪行为也相继出现。因此，大数据时代不能只看到好的一面，同时还要看到其中的信息化风险，提前做好防范工作。

（三）会计信息的行业化集中使用成为发展目标

大数据推动了云计算的发展，云计算降低了企业硬件设施管理和软件维护升级的费用。随着科技的发展和市场的成熟，会计信息软件得以进一步优化，有效节省了企业的时间成本和人工成本。云会计以网络为载体，以云计算为基础，具备专门的软硬件设施和系统维护服务，客户可以借助计算机对相关资料进行核算、分析。

行业不同，企业的发展模式和经营状况也必然有所区别，但相同行业内的会计工作也有着明显的相似之处，那么对于大数据的搜集也一定存在共性。因此，企业信息的集中性越强，会计工作的可利用资源就越多，大数据的工作方式和会计软件才会更加实用，这也加快了会计信息化的发展速度。这样看来，会计信息的行业化集中使用就成了会计信息化的未来发展目标。

（四）强化会计信息的综合性

大数据环境下企业的内涵更加丰富，企业价值的影响因素更加繁杂，投资者和经营者在企业中的决策更加复杂，数据资源能够有效提高企业的竞争力，这就使得越来越多的企业看到数据资源的重要性，试图利用数据信息来增加企业价值，因此，过去利用结构性数据来进行预决算的企业，所提供的财务信息已然难以满足自身需要，会计报告应参考非结构数据，从微观的层面来分析企业真实经营状况，提供符合当前社会的综合性数据信息。过去密切关注却未在财务报告中公示的内容，如人力资源、环境资源等信息，现今也应该考虑到，这就符合了财务信息的时代性特征，会计人员应加强量化企业商业模式，对市场动态给予充分了解，为财务信息使用者提供更有价值的数据信息。

（五）加大推进相关法律制定

大数据时代下，大力推进会计信息化相关法律的制定，进一步完善立法工作，健全奖惩机制和责任制度，建设第三方监管机构定期审查共享平台及培养相关用户。

综上所述，大数据时代对人们的思维方式和工作行为带来了不同程度的影响，大量新兴技术的出现为会计信息化提供了更加广阔的发展空间，信息获取和处理范围也被扩大。企业看到新信息可以带给企业巨大经济价值，但是如何利用这些便利，及时避开风险，提高技术利用率，促进信息化发展，是企业面临的最大挑战。

第四节　大数据背景下会计面临的挑战

一、会计概述

（一）会计的概念及特征

1. 会计的概念

会计理论界对会计的定义主要形成了两大观点：一是信息系统论，认为会计是为提高单位的经济效益、加强经营管理而建立的主要提供财务信息的经济信息系统；二是管理系统论，认为从本质上看，会计是一种经济管理活动，是企业管理的重要组成部分。尽管专家对会计的定义描述有所不同，但观点之间并不存在矛盾，只是侧重点有所不同。比如，信息系统论侧重于会计的结果。是一种时点性或者静态性表述。说明现代会计就是为信息使用者提供财务信息；管理活动论侧重于会计的操作过程和内容，是一种时期性或者动态表述，说明在形成会计信息的过程中要采用适当的手段对经济活动进行核算和监督。因此，在理解会计的含义时，应当和当时的会计理论发展形势及提出相关观点的学者的研究角度相联系。

简单来说，会计就是记账、算账、保障。追溯我国历史，早在数千年前的西周时期，就诞生了“会计”一词，当时，会计主要指的是记录、计算、监督、考察收支活动。人们对会计概念的认识不尽相同。会计是在社会实践中产生和发展的。会计是从人们在生产中同时记数的生产职能的附属物，发展为用货币记录、计算劳动成果的独立管理职能。伴随经济不断发展，在经济管理方面，会计也更多地发挥其作用。从会计的记账、算账、报账的核算作用，发展为对账务进行审核、检查、预测、决策的会计监督和反馈作用。随着现代科学技术的发展，会计作用也越来越被凸显出来，不局限于监督、核算领域，更涉及分析、控制、决策、预测等经济管理活动。经过长期实践，人们已经深刻认识到，经济越是不断发展，会计所起到的作用也就越为关键、越为重要。

综上所述，本书总结出如下会计概念：会计是将货币当作主要计量单位，将凭证作为依据，通过专门技术与方法，系统、连续、综合、全面地监督、核算一定单位的资金运动，以实现单位经济效益提升为目的的经济管理活动。即会计是一项管理工作，是一个信息系统，是一项管理过程。

企业通过会计工作，把生产经营过程中的每项经济业务所产生的初始信息（数据）运用原始凭证的方式接收下来，然后利用填制记账凭证、复式记账和账簿登记等专门方法，对初始数据进行分类、记录（储存）、整理和汇总，使之成为具有初步用途的账簿信息，最后，再通过财务报告的编制程序对账簿信息进行进一步的加工，形成会计报表信息，并向有关各方进行报送。

2. 会计的特征

从会计的产生和发展过程可以看出，与其他经济管理活动相比，会计具有以下几个特征。

（1）从本质来看，会计属于经济管理活动

当社会生产发展到一定阶段后，会计便应运而生，其与生产发展和管理需要相适应。随着社会经济不断发展，会计也不断变化、完善着自身的形式与内容，从单纯的对外报送会计报表、办理账务业务、记账、算账，逐渐发展为对事前经营决策、预测进行参与，对经济活动进行事中监管、控制，事后进行检查、分析。我们都知道，基于商品生产与交换，经济活动中的财产物资，都表现为价值形式，而会计则是借助价值形式管理财产物资。

（2）特定单位的经济活动是会计的对象

会计核算、监督的内容是会计对象，即特定单位的以货币表现的经济活动。由于企业、行政事业单位的经营活动内容和方式不同，经济活动各有特点，所以其会计的具体对象也不同。

（3）会计以货币为主要的计量单位

一个单位的经济活动千差万别，若不采用统一的计量单位，就无法进行综合比较。要全面、系统、连续地反映一个单位的经济活动情况，客观上需要有一种统一的计量单位。常用的计量单位有劳动量度、实物量度和货币量度三大类。其中，货币是商品的一般等价物，是衡量商品价值的共同尺度。会计采用货币量度，能对一个单位经济活动的各个方面进行综合核算和监督。当然，在将货币作为主要计量单位的同时，会计也需要将劳动与实物量度作为辅助量度，这样才能向会计信息使用者提供所需的信息，以便于他们做出正确的决策。

（4）会计具有专门的程序和方法

为了正确地反映单位的经济活动，会计在长期发展过程中形成了一系列科学且行之有效的会计方法。这些方法相互联系、相互配合，构成一个完整的体系。会计采用这些专门方法，遵循相关程序，对经济活动进行核算与监督，为经济管理提供必要的会计信息。

（5）会计信息具有综合性、系统性、连续性、完整性

完整性指的是会计对一切被纳入会计核算的经济活动都必须进行记录，不能遗漏，不能避重就轻或选择性地记录。所谓连续性，是指在会计核算中对各种经济活动按发生的先后顺序进行不间断的记录。所谓系统性，指的是在进行会计核算的过程中，要遵循科学的方法，分类、汇总、加工处理的经济活动，以生成经济管理所需的各项信息。所谓综合性，是指以货币为统一的计量单位，将大量分散的数据进行集中核算，从而获取反映经济活动的各项总括指标。

（二）会计的职能

会计职能是指会计在企业经济管理中所具有的功能。通俗地讲，就是人们在经济管理中用会计做什么。会计职能包括业绩考评、规划、决策、预测、监督、核算等。会计的基本职能是会计核算职能和会计监督职能。

1. 会计核算职能

会计核算职能，又名会计反映职能，指的是会计将货币作为主要计量单位，确认、计量和报告特定主体的经济活动。其中，会计确认对定性问题进行解决，旨在对发生的经济活动进行判断，看其是否应该被纳入会计核算之中，是何种性质的业务，应当被归为负债、资产还是其他会计要素等等；会计计量对定量问题进行解决，其以会计确认为基础，进一步对具体金额进行明确；会计报告属于会计确认与会计计量的结果，也就是归纳、整理会计确认与会计计量的结果，通过财务报告的形式向财务信息使用者进行提供。会计的首要职能就是会计核算职能，其是整个经济管理活动的基础，贯穿单位经济活动全过程。

2. 会计监督职能

会计监督职能，也被称之为会计控制职能，即审查特定主体经济活动以及相关会计核算的合理性、合法性与真实性。会计监督包括如下三部分：事前监督、事中监督和事后监督，贯穿经济活动的全过程。会计监督具有以下基本特点。

（1）会计监督主要是对各种价值指标进行利用，开展货币监督工作。会计核算利用价值指标，对经济活动的过程与结果进行综合反映，而会计监督也需要对价值指标进行利用，使其有效、及时且全面地对各单位的经济活动进行控制。

（2）会计监督所监督的是单位经济活动的全过程，涉及事前、事中与事后。所谓事前监督，就是对经济活动开始前进行监督，具体来说，指的是对企业未来的经济活动进行审查，看其是否遵循相关政策、规章、法律，是否与市场经济规律要求相符合；所谓事中监督，就是审查企业正在进行的经济活动，以及所取得的核算资料，旨在对经济活动中的失误、偏差进行纠正，使有关部门更加合理地对经济活动进行组织；所谓事后监督，就是审查、分析已经发生的经济活动与相关的核算资料。

（3）会计监督的依据是国家现行的政策和法律法规，会计监督应遵循合法性和合理性。会计核算职能与会计监督职能是相辅相成的。

唯有正确核算经济业务活动，才能为监督提供可靠的资料依据；唯有落实好会计监督，才能确保经济业务的开展符合规定要求，使其实现预期目的，将会计核算的作用充分发挥出来。总的来说，会计监督的基础是会计核算，而会计核算的保证为会计监督。

（三）会计的目标

所谓会计目标，也就是会计工作应当达到的标准以及需要完成的任务，具体来说，就是将与企业现金流量、经营成果、财务状况等相关的会计信息提供给财务报告使用者，对企业管理层受托的责任履行情况进行反映，为财务报告的使用者做出经济决策提供帮助。

社会公众、政府及其有关部门、债权人、投资者属于财务报告的外部使用者。企业在编制企业财务报告时，首要出发点就是对投资者的信息需要予以满足。财务报告中所提供的信息，应当对以下信息如实反映：企业对经济资源的要求权，企业所控制、拥有的经济资源，企业经济资源及其要求权的变化情况，企业各项筹资活动、投资活动、经营活动等形成的现金流入与流出情况，企业的各项利润、费用、收入的金额及其变动情况，等等。其能够帮助现在的或者潜在的投资者合理、正确地对企业的营运效率、盈利能力、偿债能力、资产质量等进行评价。投资者以相关会计信息为依据，能够更为理性地做出投资决策，对与投资有关的未来现金流量的风险、时间、金额等进行评估。

尽管企业财务报告的外部使用者不只有投资者，但是，由于企业资本的主要提供者为投资者，所以假如财务报告能对投资者的会计信息需求予以满足，一般来说，也能对除投资者之外的其他财务报告使用者的大部分会计信息需求予以满足。

二、大数据背景下会计的制约因素

（一）网络信息安全制约

大数据成分中有一部分非结构数据比结构数据还要多。以前的结构性数据往往是传统的会计信息的主要来源，面对这主要的信息，会计只能根据其本身做出一系列判断和工作，由此可见，非结构数据的加入势必会让会计行业发生一次变革。原因有以下几个方面：首先，非结构性数据越来越多地加入会计信息中，这表明大量的结构性及非结构性数据将会互相结合，通过共同分析用于反映企业的运营发展情况当中。其次，大数据下的相关关系不同于传统的因果关系，能够更多地反映数据之间的关系。最后，传统会计追求的精准也会在这一过程中产生变革，因为大数据时代下，信息的来源更多地集中在数据本身的使用性能上，所以传统的会计行业必须变革才能适应。

当前，纵观整个会计领域，越来越多的企业对信息化进行普及，然而，会计人员的水平却在原地踏步，技术与人工严重不匹配。另外，由于资源共享平台是以互联网为基础的，这就不能保证它是绝对安全的，目前最突出的问题就是安全隐患和信息泄露，因此，大数据在具体运用时需要慎重考虑信息的利用范围和法律保障等问题。

面对迅猛发展的信息时代，各个领域都与网络有着不可分割的关系，会计工作的一系列数据大多源自互联网，企业借助会计软件对诸多会计数据进行加工处理，最后生成财务报表，看起来非常便利，省时省力，但是，企业的所有数据都行经网络，信息安全令人担忧，如一些企业的机密数据，包括经营状况和资金使用等，当会计部门与其他部门的业务接触过密就容易暴露，另外，操作不当也会造成数据丢失，对于企业而言，这些就是难以挽回的损失。除此之外，大数据时代的信息化发展离不开软件的支撑，这些软件要求具备较强的兼容性，技术欠缺和维护不当也会加大数据丢失的风险，这是会计信息化安全的另一威胁。会计工作高度敏感和绝对机密的特点，使得会计信息在企业中处于核心地位，企业的发展需要建立在会计信息安全的前提下。目前，我国会计工作平台的登录方式和加密技术都比较滞后，企业不愿投入资金去研发软件新的加密技术，软件问题的补救也缺乏针对性，这就造成软件的后期维护成本增加，信息安全漏洞百出。另外，企业的管理制度不健全，不仅增加了会计信息安全的风险，而且还阻碍会计信息化的革新。

（二）行业理论研究制约

会计人员参与企业会计信息化建设需要处理诸多会计信息，为企业管理和预算决算做好充分准备，因此，在海量信息的处理上，会计人员既要积累丰富的专业知识，又要能对计算机软件进行熟练操作。由此可见，会计信息化的发展离不开会计人员与计算机的有效结合，会计人员对综合知识技能的掌握至关重要。因此，要重视会计信息化的理论研究，普及理论知识，将大数据时代下阻碍会计发展的因素快速扼杀，以充分发挥大数据在会计信息化发展中的作用。

（三）数据信息利用制约

大数据时代下，信息资源的有效利用，可以为社会生活提供各种便利。例如，根据消费者偏好，能够获取企业的经营建议；根据顾客选择倾向，为制造商分析得出最优化的建议等。会计信息化可以汇总市场数据信息，为企业提供最有价值的决策建议。但就目前而言，大部分企业的会计工作领域较为狭窄，这就造成数据信息未能得到充分利用，取得的建议可以为企业经营提供助力，但也仅限于此，运营方面尚未显示出明显价值。

（四）标准法律不够完善

大数据的有序运行离不开法律体系的保障，当今时代对运行环境的要求更高，我国目前关于网络安全的法律尚不健全，想要拥有一个安稳的会计信息市场，立法就显得尤为必要。法律制度的出台能够在一定程度上避免出现信息安全问题，如信息泄漏问题、用户权益问题等。

（五）中小企业会计管理

1. 企业对大数据建设资金投入不足

对大数据技术的应用，将企业财务人员与智能机器的工作进行了重新分配，财务会计渐渐转为管理会计，其职能也不再局限于核算，而是向管理深入拓展。然而，对于当前绝大多数中小企业而言，其财务人员还未全面、深入地了解大数据技术的内涵与特点，未能真正形成大数据思维，在数据管理、数据需求方面缺乏正确思路，没能规划好企业整体信息化建设，并且存在"只有大型企业才需要掌握大数据技术"这种片面认知。他们没能认识到，大数据时代将渗透、裹挟所有企业与个人，使其成为被分析、被记录的对象。同时，大部分中小企业管理者认为，如果对大数据技术进行应用，将在购置、维护专业设备，培养、引入数据管理人才等方面付出巨大成本，将会远远超过对财务人员进行聘用所花费的部分，所以，大部分中小企业都未曾对大数据技术进行更多投入，未曾真正重视大数据技术。

2. 大数据面临重要技术难题

在中小企业的会计工作中，大数据技术可谓带来了极大的机遇，然而，在应用大数据技术方面，依旧有着很多亟待解决的问题。例如，如何对信息技术等手段进行利用，对发票、订单、合同信息内容中的半结构化数据与非结构化数据进行处理，同时从这些随机的、复杂的数据中探索有关规律；如何对本企业业务相适应的大数据方案进行确定，借助大数据分析，结合实践经验、业务知识进行管理决策；如何对企业大数据的信息安全予以保证，防止出现非法入侵企业数据管理系统的情况，避免泄露商业信息、技术秘密与个人隐私。想要广泛应用大数据技术，就要对上述问题进行突破与解决。

3. 财务大数据专业人才缺乏

想要将企业所拥有的数据资源变为能够看见的效益，需要借助计算机辅助设备的力量；而想要对数据安全、数据分析工具等方面的问题进行解决，需要借助大数据专业人才的力量。企业所需求的财务大数据人才，属于跨领域的复合型人才，这意味着其不仅要有丰富的会计专业知识，还要能对与大数据技术相关的多方面知识进行综合运用。当前，尽管各大高校都先后对大数据与会计、数据科学与大数据技术等交叉融合的专业进行开设，日益重视数据智能化的科学应用，但立足财税领域来看，高层次的大数据核心人才仍十分匮乏，这种情况在中小型企业和二三线城市表现得格外严峻。

（五）数据资产的会计确认与计量

1. 数据资产的初始确认不定

数据资产没有明确的会计科目，这是数据资产确认存在的显著问题。想要设计会计科目，就需要对具体对象进行选定，同时从现有的经济管理规则出发，保证预先规定的核算规则能令相关核算操作顺利完成。对于公司的账务处理而言，会计科目可谓是重要内容，同时，对于会计账户来说，它也是必备要素，是会计核算工作得以顺利完成的关键。所以，如果企业想要对数据资产进行会计确认、计量，想要将其价值更好地体现出来，就需要对具体的会计科目存在设定相应需求。如果设定好了数据资产相关会计科目，就能完成具有其相应特征的经济业务的核算工作，继而对数据资产的利用效率进行提升，让相关会计核算流程得到进一步规范。

2. 数据资产的再确认界定不明

本书认为，数据资产属于无形资产，是其中一种特殊类别。基于此，数据资产也会遭遇无形资产后续确认中产生的费用化、资本化等问题。费用化支出有别于资本化支出。企业在开展生产经营活动的过程中，会对资产的消耗进行追踪，同时对消耗进行进一步细化，将其划分为费用化支出与资本化支出。而“消耗的去处”则是划分标准。假如企业付出某部分消耗，对新的资产进行换取，那么这部分消耗则属于资本化支出；假如企业付出某部分消耗，主要是投入企业经营之中，那么这部分消耗就属于费用化支出，我们要对它们的界限加以区分与明晰。一旦我们混淆了费用化支出与资本化支出，未能对它们的关系进行正确处理，就会造成二者之间无边界的问题，将难以充分体现企业资产价值，最终对企业成本的计量造成影响，导致失真问题产生。

3. 数据资产的确认条件不统一

在进行会计确认与入表时，假如缺乏确认条件，就无法明确何种数据资源能按照数据资产登记，无法完成会计意义上的确认，自然也就没办法开展后续的计量工作。我们都知道，无形资产的确认条件主要为其定义，以及除此之外的其他确认条件，依照这些原则，我们方能对无形资产进行更好的区分与确定，为之后的工作奠定基础。然而，目前的研究中，并未对数据资产的相关确认原则予以明确，也未能完善相关理论。

4. 数据资产的初始计量

（1）数据资产计量属性存在不明确的选用。

通常来说，我们会在会计科目中登记数据资产计量属性，同时在企业财务报表中对数据资产计量属性加以报告，以对其实际数量金额进行确定。数据资产的计量不宜依靠现值属性与重置资本。历史成本指的是制造某种财富，或者完成某项生产活动时，需要实际支付的现金、成本，是取得时的实际成本；可变现净值是预期售价对加工成本进行扣除后，所得到的净值。数据资产究竟适用于上述何种计量属性，有待进一步选择与明确。

（2）数据资产初始确认金额没有明确的确定标准

所谓资产的初始确认金额，其实就是资产得以入账的依据，因此，后续会计处理必须建立在确认工作完成的基础之上。由于数据资产具有特殊性，同时对无形资产的初始确认方法进行参考，本书认为，我们应当以自制与外购为切入点，对数据资产的初始确认金额进行较为准确的确定，将良好的基础提供给后续，然后再进行确认与计量工作。然而，由于数据资产具有特殊性，所以我们也要对数据资产初始确认金额的特殊性予以考虑。当前，如何对不同来源的数据资产的初始确认金额进行更加准确的衡量，仍然有待进一步研究。

5. 数据资产的后续计量

（1）使用寿命难以确定

前文中已经提到，数据资产是一种特殊的无形资产，因而，其也同无形资产一样，难以确定自身的使用寿命。一般来说，企业合法获得的无形资产的使用寿命，不能超过企业规定的实际期限；法律未详细规定无形资产的使用寿命时，企业需要依照恰当的因素，对判断的依据进行综合考虑；如果不能对上述方法进行采用，则可以认为该无形资产有着不确定的使用寿命。所以，想要确定数据资产的使用寿命，就要从数据资产自身特点出发，对无形资产的相关处理方法进行参考与借鉴。

（2）摊销方法不明确

对摊销方法进行选择时，企业应当从自身经济需要出发，结合最大预期效益，对具体的消耗方式进行确定，统一适用于不同会计期间。加速折旧法与直线法是无形资产的两种主要摊销方法。所谓加速折旧法，就是在无形资产使用初期进行多计、使用后期进行少计的摊销方法；所谓直线法，就是在各会计期间对无形资产的摊销额进行平均分配的摊销方法。数据资产要在加速折旧法、直线法等摊销方法中进行选择，选出与自身最相适应的方法，并对相应的后续计算予以完善。

（3）数据资产的经济价值易波动

很多要素都极易影响数据资产的经济价值。相对于其他无形资产而言，大环境与应用场景更容易影响数据资产，使其产生波动。为了对无形资产价值的变化进行更好的衡量，我国会计准则与相关制度对企业提出要求，其需要对相应的监督管理条例进行制订，定期复核财务报表的账面价值。一旦账面价值比可回收金额高，就需要根据差额计提无形资产进行减值准备。不过，其能否适用于数据资产的后续计量，以更好地对数据资产的经济价值进行核算，有待进一步研究。

第四章　云计算环境下的会计信息化模式

本章阐述了云计算环境下的会计信息化模式，依次介绍了基于云计算的会计信息化概述、基于云计算的会计信息化建设模式构建策略这两个方面的内容。

第一节　基于云计算的会计信息化概述

一、基于云计算的概述

（一）云计算思想演化

从思想角度看，云计算发展到当前较为成熟的水平，主要历经 4 个阶段的演化。下面，我们分别对其进行简要介绍。

1. 电厂模式

相对来说，IT 行业属于新兴行业，因而在其发展过程中，必然需要向其他行业“取经”。例如,IT 行业从建筑行业“取经”回“模式”这一概念。同理,“电厂”概念也是一样的。虽然相较“模式”概念，电厂概念并非炙手可热，但是其也有着深远影响，同时，众多 IT 人都对电厂理念坚持实践。所谓电厂模式，指的是对电厂的规模效应加以利用，从而实现电力价格的降低，同时增添用户使用的便捷度，还不用对任何发电设备进行购买与维护。

2. 效用计算

早在 1960 年，计算设备有着异常昂贵的价格，机构、学校、普通企业难以承受，因此，人们开始希望能够共享计算资源。“人工智能之父”麦卡锡在 1961 年的一次会议上提出“效用计算”概念。“效用计算”概念的核心是对电厂模式进行借鉴，旨在对在各地分散的应用程序、存储系统、服务器进行整合，让多个用户得以共享；简单地说，就是用户能够像在灯座插上灯泡一样，对计算机资源进行使用，同时按照其具体使用量支付相关费用。随后，1966 年出版的图书《计算机效用事业的挑战》中，也将类似观点进行提出。不过，因为那时 IT 产业尚处于发展初期，尚未拥有如互联网等强大的技术，因此尽管人们对计算资源的共享以及“效用计算”十分推崇，但这一想法始终是“叫好不叫座”的，直到互联网迅速发展和成熟后，才使得效用计算成为可能，它解决了传统计算机资源、网络以及应用程序的使用方法变得越来越复杂与管理成本越来越高的问题，按需分配的特点为企业节省了大量时间和设备成本，从而能够将更多的资源投放到自身业务的发展上。

3. 网格计算

网格计算属于分布式计算模式。网络计算技术将在网络中分散的存储系统和空闲服务器与网络进行链接，从而得到一个整合系统，将功能强大的计算机存储能力提供给用户，帮助其对特定任务进行处理。对于使用网格的应用程序或者最终用户而言，网络仿佛一台性能超强的虚拟计算机。从本质来看，网络计算就是通过高效的方式，对各种加入该分布式系统的异构耦合资源进行管理，并借助任务调度对上述资源进行协调，使其合作并对一项特定的计算任务进行完成。人们用“grid”称呼网格计算中的网格。不过，“grid”的英文原意并非人们通常想到的网格，其指的是电力网格。因此，“grid”的核心含义十分近似于效用计算机，只是二者有着略微不同的侧重点。网格计算主要研究的是怎样将依靠非常大的计算能力才能解决的问题，划分为一个一个小部分，继而向很多低性能的计算机分配这些小部分，使其进行处理，最终综合计算结果，进而对大问题进行解决。遗憾的是，因为在安全性、技术、商业模式等方面，网格计算存在不足，故而它并没有在商业领域与工程领域收获预期的成功。但是，我们也要认识到，在学术领域，网格计算仍然得到了一定应用，如人们在“SETI”计划（旨在对外星人进行寻找）中对其进行应用。

4. 云计算

云计算的核心十分相似于网格计算、效用计算，其同样希望 IT 技术可以像使用电力那样，既无须花费过高成本，又十分方便。云计算将效用计算所提倡的资源按需供应和用户按使用量付费的理念予以继承。网格计算为云计算提供了基本的框架支持。云计算和网格计算都希望将本地计算机上的计算能力通过互联网转移到网络计算机中。

然而，不同于网格计算与效用计算，当前，在需求方面，云计算已经初具规模，同时也有了基本成熟的技术。所以，相较于网格计算与效用计算，云计算有着更为脚踏实地的发展。

（二）云计算概念划分

1. 国际国内划分

2011 年，美国国家标准与技术研究所（NIST）将云计算定义为“一种允许无处不在的、按网络访问的、便捷的可配置计算资源（如服务、应用程序、存储、服务器、网络）共享池模型。我们可以通过最少的管理工作或者极少的与服务供应商进行交互对这些共享资源进行快速配置和发布。”

现阶段广为接受的云计算定义是国家标准《信息技术 云计算 参考架构》（GB/T—32399）的定义：云计算是一种通过网络将可伸缩、弹性的共享物理和虚拟资源池以按需自助服务的方式供应和管理的模式。[①]

从计算方法的角度看，

云计算属于分布式计算，其借助网络，分解大量的数据计算处理程序为多个小程序，借助多部服务器组成的系统，对这些小程序进行分析与处理，最终向用户提供得到的结果。通过该技术，用户可以在几秒钟的时间内完成对海量数据的处理，提供强大的计算服务能力。从资源利用的角度看，云计算定义了一种 IT 资源共享模型，有了它，只需进行最少的管理工作或者服务提供方交互方式即可快速供应和释放这些资源。

当网络技术、硬件技术发展到一定阶段，云计算技术这种新的技术模型便应运而生。技术人员在对系统结构图进行绘制时，往往会使用一朵云的符号对网络进行表示，这也是“云计算”的名称由来。云计算并不是对某一项独立技术的称

① 中国国家标准化管理委员会．信息技术 云计算 参考架构 [R]. 北京：中国标准出版社，2016.

呼，而是对实现云计算模式所需要的所有技术的总称。云计算技术的内容很多，包括云计算平台技术、数据中心技术、服务器技术、网络技术、虚拟化技术、分布式计算技术、存储技术等。从广义上说，云计算技术涵盖了当前信息技术中的绝大部分。

2. 不同主体对云计算概念的理解

（1）分析师与分析机构对云计算概念的理解

依托互联网，云计算从集中的服务器交付个人应用（演示文稿、文档处理以及 E-mail）和商业应用（销售管理、客户服务和财务管理）。这些服务器共享资源（如存储和处理能力），通过共享，资源能得到更有效的利用，而成本也可以降低 80%—90%。

云计算属于一种环境，可以以服务的形式向用户提供其中所有的 IT 资源。依靠云计算，企业可以通过互联网从超大数据中心获得计算能力、存储空间、软件应用和数据。客户只需在必要时为其使用的资源付费，从而避免建立自己的数据中心并采购服务器和存储设备。

（2）IT 厂商对云计算概念的理解

云计算属于一种计算风格，其以软件及处理能力的交付、私有或公共网络实现服务为基础。用户体验是云计算的重点内容。同时，云计算也是一种对基础设施共享进行实现的方式，其对资源池进行利用，连接私有或公共网络，将 IT 服务提供给用户。云计算在大量的分布式计算机上分布数据与计算，为存储和计算力带去更强的可扩展能力。用户可以对多种接入方式进行采用，如通过手机、计算机等，与网络连接，从而得到相应服务。云计算是开放式的，因此，不会有一个企业能控制和垄断它。

站在云计算技术角度，云计算诞生于负载均衡、自主计算、效用计算、并行计算、分布式计算、网格计算、虚拟化等传统计算机和网络技术的融合发展之中。

（三）云计算呈现特点

目前，大众普遍接受的云计算具有以下特点。

1. 规模化

云计算“资源库”拥有的规模相当大，一般由较多台机器组成“云”的集群，一般来说，企业的云系统拥有的服务器数量为数十万乃至上百万，企业的私有云通常也有数百台到上千台服务器。

2. 虚拟化

云计算建立于互联网基础之上，而我们都知道，互联网自身属于虚拟世界，所以，云计算技术也具有虚拟性特点。我们可以这样理解云计算，它是在网络虚拟世界中存在的“资源库”，每一项用户请求都出自于此，但并非一个个固定的实体。

3. 可靠性高

“将资料存储在硬盘里或计算机中，硬盘或计算机一旦出现故障，或者云系统一旦崩溃，自己的资料会不会无法找回？”这是很多用户的担忧。

其实，“云”采用了多种措施，如计算节点同构可互换、数据多副本容错等，对服务的高可靠性进行保障。相较于本地计算机，对云计算进行使用要更为可靠。因为数据被复制到了多个服务器节点上拥有多个副本（备份），即使遇到意外删除或硬件崩溃，存储在云里的数据也不会受到影响。云计算技术相比于传统的互联网应用模式，它不仅能够从各个方面确保服务的灵活性、高效性和精确性，还能够为用户带来更完美的网络体验以及为企业创造更多的效益。

4. 通用性

为了给用户提供更大的便利，在“云”的支持下，我们能够将千变万化的应用构造出来。在同一个“云”的支持下，不同应用能够实现同时运行，所以用户对是否通用不用担心。

5. 可扩展性高

为了能够满足应用和用户规模增长的需要，云计算可以动态伸缩规模，用户可以根据自己需求选择是否扩展。

6. 按需服务

云计算中资源库非常庞大，用户根据自己实际需求进行购买，可以充分利用资源，从而减少资源浪费。

7. 成本低

云计算技术拥有强大的容错能力，其节点的构成成本非常小。用户和企业都能认可它所创造的价值。例如，以往需要花费数月、数万美元才能达成的任务，利用云计算只需花费几天时间、几百美元便能轻松完成。

8. 资源的共享性

云计算运行的目的是实现资源共享，而这也是其对用户做出的重要贡献。云计算能够摆脱地域束缚，就算用户在地球的另一端，只要有网络覆盖，用户对云数据的需求就能够得到满足。拥有庞大的计算机服务器系统的云计算系统的服务商，它们能够通过网络，建立起一个足够大的平台，然后在这个平台中，用户的计算机或者手机能够对所需要的服务进行获取，从而大大提高了信息与知识的共享性，同时降低了服务商的运营成本，做到了真正优化配置资源。

（四）云计算主体优势

1. 云计算与传统计算的区别

步入新时期，云计算渐渐显现其优势。云计算有着诸多特点，如信息共享、计算精准、时效快等。相较于传统计算，云计算有着完全不同的计算方式与服务性质。

传统计算在计算时，主要采用托管、租用的方式。租用指的是用户对服务商的设备进行租赁，主要由服务商提供对数据管理、维护服务；托管指的是服务商帮助用户对数据进行看管，如果出现数据丢失或者设备损坏等情况，服务商无须承担责任。

云计算则对基础设施建设非常重视，其与传统计算有着不同规模、不同效果。云计算为集约式配置，尽管从一定程度上看，传统互联网数据中心（Internet Data Center，IDC）服务也能实现集约化处理，然而就集约处理方式来看，传统计算与云计算存在较大差异。

计算机设置配置与部署，决定了云计算在分配资源时没有丝毫停滞，而传统计算的资源分配过程很可能花费数小时，甚至数天，企业计算成本自然大大增加。云计算能够对资源进行快速、合理分配，防止出现资源浪费情况。传统计算与云计算为不同平台，云计算平台技术特性良好，通过与不同数字技术相结合，完成数据计算，实现了平台数据处理效率的提升，而这点是传统计算无法做到的。

2. 云计算的优势

云计算相较于传统网络应用模式，展现出以下优势：

（1）虚拟化技术

虚拟化技术使集群摆脱了空间、时间的限制，这也是云计算最为突出的特点。云服务用户应用部署的环境与物理平台在空间上没有绑定，云服务用户可以通过虚拟平台操作完成数据备份、迁移和扩展等。虚拟化技术包括应用虚拟和资源虚拟两种。

（2）动态可扩展

可以通过动态调整虚拟化的层次以达到对应用进行扩展的目的；还可以在线将新的服务器加入已有的服务器集群中，扩展“云”的计算能力。

（3）按需部署

在对不同应用进行部署时，云服务用户需要进行不同的计算和存储资源，云计算平台可以按照用户的需求部署相应的资源。

（4）高灵活性

虚拟化技术已经得到大部分软硬件的支持，云计算资源池利用虚拟化技术统一管理各种 IT 资源，还可以兼容不同硬件厂商的产品，兼容低配置机器和外设从而获得更高的计算能力。

（5）高性价比

在虚拟资源池中对资源进行统一管理，从一定程度上看，能够对物力资源进行优化。用户不再需要有大存储空间且价格高昂的主机，而是能将相对廉价的 PC 组成云进行选择，其计算性能并不比大型主机差，且费用更低。

（五）云计算类别划分

云计算可以按网络结构和服务类型进行类别划分。

1. 以网络结构划分

按照网络结构的不同，云计算可以分为公有云、私有云和混合云。

（1）公有云

公有云是为大众而建的，所有的入驻用户都称为租户。公有云不仅同时支持多个租户，而且一个租户离开，其资源可以马上释放给下一个租户，从而能够在大范围内实现资源优化。很多用户担心公有云的安全问题，敏感行业、大型用户需要慎重考虑，但对于一般的中小型用户，不管是数据泄露的风险，还是停止服务的风险，公有云都远远小于自己架设的机房。

（2）私有云

私有云面向一个企业、一个用户构建，供其单独使用，所以能够向用户、企业提供最为有效的数据、服务质量与安全性控制。公司自己的 IT 机构或云供应商可对私有云进行构建，既可部署在企业数据中心的防火墙内，又可在一个安全的主机托管场所进行部署。私有云的核心属性是专有资源，通常用于实现小范围内的资源优化。

（3）混合云

混合云是公有云和私有云的混合，这种混合可以是计算的、存储的，也可以两者兼而有之的。在公有云尚不完全成熟，而私有云存在运维难、部署实践周期长、动态扩展难的阶段，混合云是一种较为理想的平滑过渡方式，短时间内的市场占比将会大幅上升。并且，不混合是相对的，混合是绝对的。在未来，即使自家的私有云不和公有云混合，也需要将内部的数据和服务与外部的数据和服务不断进行调用。并且还存在一种可能，即大型用户把业务放在不同的公有云上。

2. 以服务类型划分

云计算的服务类型有 IaaS（基础设施即服务，Infrastructure as a Service），PaaS（平台即服务，Platform as a Service）和 SaaS（软件即服务，Software as a Service）。

（1）IaaS

IaaS，基础设施即服务。依靠互联网，用户能够通过完善的计算机基础设施得到相应服务。IaaS 是通过 Web，将基础设施、数据中心等硬件资源向用户进行分配的商业模式。

（2）PaaS

PaaS，平台即服务。实际上，它是将软件研发的平台视为一种服务，通过SaaS的模式向用户提交。所以，严格来说，SaaS的应用之一就是PaaS。PaaS的诞生对SaaS的发展，尤其是SaaS应用的开发，起到很大的推动作用。通过享有PaaS服务，软件开发人员无须对服务器等设备进行购买，就能将新应用程序开发出来。

（3）SaaS

SaaS，软件即服务。其通过互联网，将软件提供给用户。用户只需向供应商对基于Web的软件进行租用，无须另行购买，就能对企业的经营活动进行管理。SaaS模式对软件，特别是大型软件的使用成本进行极大削减。同时，由于软件被托管于服务商的服务器上，所以用户的管理维护成本也随即降低。

（六）云计算发展现状

从市场发展阶段来看，美国市场起步最早，发展最快。作为云计算的先行者，北美地区在云计算市场占据主导地位，2017年美国云计算市场占据全球59.3%的市场份额。

2019年，全球云计算市场规模为1883亿美元，拥有20.86%的增速。预计未来几年，市场平均增长率可达18%。到2023年，全球云计算市场规模将超过3500亿美元。当今的全球云计算市场呈现出一种群雄逐鹿的格局。AWS（亚马逊云计算服务）继续主导全球云基础设施服务市场，根据国际研究机构高德纳咨询公司发布的云计算市场追踪数据，AWS（亚马逊云计算服务）以45%的份额雄踞第一，其后分别是Azure（微软云服务）17.9%，阿里云9.1%，谷歌云5.3%。最早践行云计算技术的几家企业，如谷歌、亚马逊、微软，以及在云计算方面投入较大的公司，如HP（惠普）、IBM等，都是美国企业；同时，美国还有很多中小企业提供云计算产业上下游某个环节的产品服务，出现了众多可行的云计算商业模式。

亚马逊公司对简单储存服务（S3）与弹性云计算（EC2）进行使用，将存储与计算服务提供给企业。其含有如下收费项目：月租费、CPU资源、贷款、存储服务器。截至2019年底，亚马逊公司与云计算相关的业务收入已达350亿美元。云计算是亚马逊公司增长最快的业务之一。

微软云计算平台——Azure Service Platform 是微软云计算战略的具体实现，于 2010 年正式商用。该平台是继 Windows 取代 DOS 之后，微软的又一次颠覆性转型。

国内的云计算行业市场上活跃着各种大大小小、知名的与不知名的云服务商，这里主要介绍国内主流的优质云服务商，其可以代表目前我国云计算市场的总体技术水平和服务能力。

阿里云：阿里云创立于 2009 年，集资本、规模、技术实力、品牌知名度和生态系统等多种优势于一体，是目前国内云计算“公有云”市场的行业巨头。2018 年 9 月 19 日，阿里云发布了面向万物智能的新一代云计算操作系统——飞天 2.0，可满足百亿级设备的计算需求，覆盖了从物联网场景随时启动的轻计算到超级计算的能力，实现了从生产资料到生活资料的智能化，改善社会运转效率，是阿里云史上一次最大的技术升级。

华为云：华为云成立于 2011 年，隶属于华为公司，在多地设立有研发中心和运营机构，着力于云计算中“公有云”领域的生态拓展、技术研究，努力将一站式的云计算基础设施服务提供给用户，是目前国内大型的公有云服务与解决方案提供商之一。

中国电信天翼云：天翼云是中国电信旗下的云计算服务提供商，着力于对更为优质的云计算服务进行提供。天翼云为用户提供的服务，涉及云计算、云存储、云安全、网络与 CDN、数据库等多方面，同时为政府机构、教育、金融等行业打造定制化的云解决方案。作为我国的三大通信运营商（中国移动、中国联通、中国电信）之一，中国电信旗下的天翼云，在争取国内客户方面具有天然优势。

二、云计算在会计信息化中的实践

（一）云计算在中小企业财务会计信息化中存在的问题

1. 财会信息化云计算平台建设和管理尚不成熟

现如今，信息化管理理念未能实现广泛普及，故而针对信息化管理部分，一些中小型企业缺乏经验，相关技术人才不足，同时在建设、管理财务信息化云计算平台方面也涌现出许多问题，导致多、乱、杂现象。此外，相应的官方监管也处于缺失状态，导致部分云计算平台有着过于高昂的收费，云计算平台服务制度仍然不够完善，一些平台甚至存在泄露企业资金机密的风险。除上述问题外，实践中还存在如下问题：中小型平台缺乏较高的服务水平、云计算平台缺乏多样化的服务项目。尽管大型云计算平台有着完善的配套设施，可以对企业财务会计工作需求予以满足，但是对于中小型企业而言，使用大型云计算平台意味着过高的成本。但是，如果选择中小型云计算平台，由于其有着较少的配套设施，无法提供多样化服务，所以很难满足中小型企业的需求。因此，它们更倾向于采用人工工作模式开展财务会计工作。

2. 企业缺乏对信息化管理的重视

尽管当前在财务会计管理中，信息化管理已经得到了一定的普及，但还是有很多中小型企业不愿对信息化管理风险进行承担，也不够重视云计算。它们更倾向于信赖传统人工工作模式，这也使得企业财务的工作效率止步不前，始终得不到提升，同时导致资金运转流程更为复杂，管理层难以即时把控财务工作。因此，在对云计算进行应用，实现信息化管理企业财务会计工作之前，企业管理人员要先树立信息化管理理念，并对其予以高度重视，向财务部门员工进行相关培训，使其娴熟掌握有关技术，从而能够轻松、熟练地对云计算平台进行应用，更顺利地开展会计工作。

3. 不重视信息化的指导和工作经验的积累

在我国企业管理工作中，一定程度上已经普及了云计算和信息化管理。然而，很多企业管理者仍旧未曾重视信息化，依旧采取传统工作模式，只是以此为基础对互联网技术进行简单运用，如对工作流程进行规划，将其视为“信息化管理”，使得企业有着较低的信息化程度。特别是对于财务会计工作而言，在很多企业中，仍需要人工对这部分工作进行处理，云计算作用迟迟得不到充分发挥。因此，企业管理者要高度重视信息化指导，重视员工相关工作经验的积累，在工作中对信息化理念加以渗透，让员工接触云计算平台并对其进行学习，不断提升他们的技术水平，使其积累丰富的工作经验，从而更好地运用云计算平台，促进会计工作的质效提升。

4. 对云计算缺乏深入的认识

在我国中小企业中，云计算有着相对较小的应用范围，很多中小企业持有“观望”的态度，没有积极的尝试意愿。这些中小企业没能对云计算所具有的优势进行全面、深入地了解，而是简单地、片面地觉得云计算一定存在较多问题，发展尚未成熟。同时，它们也有着深深忧虑，担心在互联网上的信息是否能保证私密性。除此之外，由于云计算具有先进性，因而对使用人员提出了很高的要求，其必须对相应的知识、技术进行熟练掌握，才能应用好云计算技术。尽管部分企业员工非常好奇云计算技术，然而也仅仅停留在表面，没能真正接触、深入学习。基于上述原因，云计算在中小企业的会计信息化应用中，所取得的成效很难达到人们预期。

5. 云端信息存在一定程度的泄露风险

从理论角度来看，云计算平台需要用户在云端储存部分信息，也能保障数据信息的安全性、私密性。然而，在实践中，云计算技术牵涉诸多内容与环节，不论哪一环节出现问题，都可能对安全问题进行诱发。尽管现如今，世界上各大云服务供应商都表示自己的产品严格落实保护措施，符合国际相关要求标准，但是我们也要看到，当前云计算市场还有待进一步完善，仍有很多基础设定没能达到标准。同时，由于企业的财务等方面信息是以数据资料的形式在云计算供应商的服务器中存储的，所以假如云计算供应商想要对数据信息进行了解，可谓轻而易举，而这也成为泄露企业数据信息的一大隐患。云计算供应商有可能隐瞒企业，对其核心财务数据信息进行查看、贩卖，这将对企业健康发展造成严重损害。

6. 云计算对于网络性能要求较高

基于云计算的会计信息化应用，都要依托互联网进行，因而，其对网络性能提出了很高的要求。实践中存在着这样的问题：有些企业在对云平台进行使用，开展日常会计工作时，受到传输稳定性、网络传输速度的影响，误认为数据信息已经全部上传云平台，但实际并没有，而这一问题直到真正使用时才被发现。此时再采取补救措施，是相当烦琐复杂的，不仅会对企业内部财务规范造成影响，而且也不利于企业自身业务发展，严重的还会使得部分客户不再选择与企业进行合作。

7. 存在会计数据失真的情况

当企业对云计算进行应用后，都会对会计数据失真问题进行关注。在云计算推广过程中，会计数据失真也是一个很重要的问题。云计算与传统会计日常账务处理模式不同，其需要数据化处理传统的原始凭证以及其他实物，继而在云端会计信息化平台上传，以数据化形式对其存储。由于整个过程都依靠云计算平台自行处理，因而难以有效监督这一处理过程，假如出现操作问题、技术问题，极可能使会计数据失真。同时，在云计算模式下，如果对数据库中存储的信息直接篡改，也不会留下痕迹，从而很可能导致会计信息造假。

（二）云计算下高校会计信息化建设过程中存在的问题

1. 信息化建设重视程度不足

高校管理信息化中，会计信息化是非常重要的组成部分，直接影响着高校发展。所以，高校应当更加重视会计信息化建设。然而，当前部分高校由于受到经费、规模等因素的制约，所以高校管理者并未重视学校财务问题。特别是一些民办本科高校，财务处工作人员较少，只有几个人，出纳不仅要对现金管理进行负责，还身兼数职，如承担审核科研报销的工作等。但是，领导层却盲目认为学校已经对会计信息化予以实现，无须投入更多精力、财力对其进行建设，这严重阻碍了高校会计信息化建设的进程，难以真正提升会计信息化建设工作的实效性。

2. 高校内部云数据有待建立

高校中，科研处、设备科、人事处、后勤处都属于协调部门，这些部门的相关数据，都会在财务部门进行汇总。然而，部分高校，特别是民办本科高校，由于经费不足，往往出现忽视软件建设、重视硬件建设的问题。现如今，仍旧有一些高校通过纸质文件、电子邮件对数据进行传输，既浪费信息基础资源，又极易导致文档的遗落、丢失。同时，各部门之间也未能形成统一的数据互联，导致他们承担重复输入的工作量，一方面使得信息出错率更高，另一方面工作效率也很难得到提升。例如，部分高校中，想要进行科研报销，需要先在线上进行申请，然后再在线下完成相关流程。于是，在实际报销过程中，报销人就要先在线上走一遍流程，之后再在线下走一遍流程，实在过于烦琐。甚至有的高校因为没能统一财务工作，导致少收学费，在学生交完学费后又要求其进行补交，使得学生心生不满，质疑学校财务处的工作，对学校产生抵触情绪。

3. 无法满足多元数据需求

当前，部分高校中的财务信息化仍受限于会计电算化，同时，其未能重视各行政部门、教师以及学生的需求，只是仅仅对财务人员的信息化进行考虑。例如，在部分高校的财会系统中，无法查询各部门经费的使用情况、教师科研经费报销情况以及学生学费缴费情况等。这使得高校的财务数据不能对多元数据需求予以满足，原有模式难以对新发展、新需求进行适应。

4. 会计信息化系统风险增大

伴随互联网技术迅猛发展，网上缴费、网上报销得到实现。通过运用互联网技术，我们不断提高数据处理速度，提升工作效率。然而，摆在我们面前的还有一道难题，那就是会计信息系统的安全问题。一方面，我们需要依靠互联网对大量财务信息进行传输，而黑客则能利用互联网，对会计数据进行窃取。近年来，我们时常能看到学生对校园系统进行侵入的新闻，这也表明高校相关平台系统有着较大的漏洞，处于较高风险之中。另一方面，假如服务器中病毒，或者出现问题，那么整个系统都可能发生问题，甚至导致工作瘫痪，造成难以估量的损失。特别是部分高校为了对成本进行节约，未能及时更新财务信息系统，仍旧对多年前的老旧版本进行使用，难以对高校财务信息系统的高效、安全地正常运行提供保障。

三、云计算环境下会计信息化建设策略

（一）中小企业会计信息化建设策略

1. 提高会计信息化意识

中小企业建设会计信息化模式时，必须保证其会计部门工作人员清楚地了解、掌握如何运行云计算模式以及会计信息化模式，掌握相关工作实际开展要求，同时，还要全面提升会计部门工作人员的信息化意识，以此为基础开展会计信息化建设，从而确保在相关系统建设、优化调整中云计算理念能切实发挥效用。中小

企业要全面、深入研究云计算，对云计算模式进行明确，利用云计算模式以及信息化系统优化调整现存的会计核算工作以及实际工作模式，从而在对自身信息化意识予以提升的同时，对财务管理与会计核算工作提供助推动力。中小企业要切实在各项财会工作实际开展过程中，在会计信息化模式建设过程中，对各项计算机系统以及云计算模式的作用进行充分发挥，保证有效改善面临的各项问题。

2. 控制会计信息化风险

虽然中小企业应用云计算模式，能够为自身相关工作开展以及会计信息化模式建设提供更为有效的参考依据，但是，在应用云计算模式与计算机系统的过程中，常常伴随着风险。置身云计算环境中，我们要有效地控制会计信息化模式中存在的各项风险问题，对云计算模式的实际应用力度与安全效果逐步进行提升，以安全服务支持中小企业会计信息化模式建设，保证短时间内改善、优化中小企业相关工作和会计信息化模式现存的风险问题，这也是中小企业发展趋势和开展财会工作的要求。

除此之外，我们还要进一步完善处理在中小企业中应用的云计算服务设施，对完善的云计算设施以及相关系统进行利用，推动会计信息化模式建设工作的开展。我们要对中小企业会计信息化模式与云计算设施系统之间的契合度进行强化，从而在建设会计信息化模式过程中，强化管控各项风险问题的力度。此外，我们还要提升云计算系统对中小企业会计核算和信息化管控的服务水平，切实提升中小企业会计核算以及相关管理工作的质量与效率。

3. 改进会计信息化技术

多种技术在中小企业会计信息化模式建设过程中得到应用，所以，我们要立足云计算环境下中小企业的具体发展要求以及实际发展情况，调整、优化现存的各项会计信息化技术，在中小企业会计信息化模式建设中不断强化各项技术的作用与价值，对云计算环境下中小企业会计信息化模式的现代化内涵进行彰显，从而更好地支持中小企业各时期的财务会计工作，使其得以顺利开展。此外，我们还要着眼于中小企业的实际发展情况，对相关联的规章条例予以制订，确保信息化模式建设技术与各项规章条例在综合调控中发挥效用。我们要对云计算环境下中小企业开展会计核算以及其他各项财务会计工作过程中遭遇的困难、阻碍进行解决，在中小企业会计核算以及其他各项财务会计工作中，对各项现代化技术的作用进行充分发挥，对云计算环境下中小企业良性发展目标以及顺利开展财会工作的要求予以满足。我们要在对中小企业现代化发展水平以及经济实力进行提升的同时，还对信息化模式以及云计算技术的应用价值予以充分发挥。

（二）高校会计信息化建设策略

1. 加强高校会计信息化重视程度

想要让高校更加重视会计信息化，就要着力于对高校管理者的意识进行转变。要让高校决策层认识到，对于高校发展而言，会计信息化管理起到非常重要的作用，从而加大对会计信息化建设的各种投入。高校管理者要用心开展协调工作，对高校内部的沟通交流予以促进、强化，提高工作水平、工作效率。高校管理者要树立大局观，高度重视会计信息化，切实提供资金保障，对最新的财务信息软件进行应用。同时，高校还要对会计人员进行引导，使其摆脱传统工作理念的束缚，对信息技术进行利用，进一步完善、优化会计工作流程，对会计的决策功能、管理功能进行发挥，使高校财务工作质量实现进一步提高。

2. 破解信息孤岛，实现信息数据共享

在会计信息化建设中，数据是最为关键的，如果脱离数据，那么信息化也就无从谈起。随着云计算、大数据等信息技术兴起，多部门业务数据（如教务处、学生处、科研处、财务处等）的融合已然得以实现。不同管理层、不同部门之间，能够实施对数据资源进行共享与传递。所以，高校的会计信息化不应只对财务管理角度进行考量，还应与教育信息化相结合，对数据的统一标准进行争取。

3. 财务系统应满足多方需求

财务信息化，并不是随随便便对几套系统进行采购就能实现的，高校应当实事求是，对多方需求进行满足，不仅要考虑财务人员需求，也要考虑非财务人员需求。例如，在学生对学费进行缴纳时，不能仅仅提供银行转账这一种渠道，还可以允许学生进行支付宝支付、微信支付，为他们带来更多便捷，更好的服务。高校要对多方需求进行调研，并对调研结果进行汇总、整理、分析。随后，立足需求信息，进行统筹规划，在学校信息化中逐步设置与这些需求相应的功能。最后，高校还要做好共享财务数据的工作，从而在采集、分析数据时更加便捷。

4. 推进会计信息化安全建设

高校要立足实际，对会计信息化安全建设予以推进，从自身情况出发，将会计信息化安全管理措施建立起来。

其一，要将完备的网络安全管理机制在全校建立起来。高校财务的数据涉及多个领域，如图书采购、学生缴费、科研管理等，要对相关人员的责任分工进行全方位落实。

其二，要针对防范财务风险对财务人员进行培训，切实提高财务人员的网络安全意识，避免因失误造成的财务信息安全风险。同时，高校也要做好备份财务数据工作，对财务信息的安全性与完整性进行保障。

其三，将安全预警机制建立起来。高校要针对信息安全、硬件软件安全、管理安全等层面，对相关安全预警指标体系进行建立，监控实际数据，对财务安全响应策略进行执行。

（三）云计算平台会计信息化建设策略

1. 加快相关标准及法规的制定

在制订相关法律法规、标准制度时，政府应当加快速度，对云计算服务商一系列商业行为进行严格规范，将安全、绿色的云计算市场建立起来。一方面，在对政策、制度进行制订时，政府应深入云计算市场，对当前云计算服务商提供的所有技术服务予以了解与掌握，对云计算市场收费标准了然于胸，还要对企业关于云计算平台发展提出的意见建议进行收集，对云计算市场整体发展形势有所掌握。之后，政府要立足调查所得到的数据，对相关政策、制度进行制订，使制订出的政策法规更加合理、科学，能切实具有对云计算服务商的商业行为进行规范的作用，促使云计算市场更加健康发展，帮助企业更好地实施云计算平台的会计信息化。另一方面，政府应当立足现有云计算市场发展现状，将预测评估机制构建起来，分析预测将来可能出现的情况，并以此为依据制订相关法律法规，从而对云计算市场秩序进行更好地维护。

2. 加大云服务监管力度

对云服务监管力度进行强化，能够对云计算市场发展秩序进行有效规范，为云计算平台运用实效性与真实性提供保障。所以，政府相关部门应在监管云计算平台方面加大力度，对监管审查机制进行构建与进一步完善，从而切实保障用户数据存储安全。一方面，政府应将资质审查机制建立起来，对云计算平台运行资质进行严格审查，唯有那些具备相应能力、技术的云计算服务商才能进入市场。同时，即便是云计算服务商已经通过资质审查，也要接受政府相关部门的定期复查，从而真正保障云计算平台的安全性。另一方面，政府应与专业社会机构（如行业协会）联合起来，各自对有相关管理经验的工作人员进行派遣，将具有社会性质的监管部门组建起来。此外，政府还要下达相应指令，对政府管理决心进行传达，从各方面强化对云计算市场的管理与监督，从而确保云计算平台具备更好质量、提供更优服务，助推企业会计信息化建设更好地实施。政府还应对意见反馈中心进行设立，将企业所反馈的意见收集上来。

3. 构建完善云计算平台运行保障机制

其一，对安全防护措施进行强化。越权使用服务器内部数据、外部黑客恶意攻击破坏等，是云计算的主要安全隐患，所以，云计算服务商既要对安全防护措施进行强化，同时也要对内外部防护措施进行强化。在对外防护中，云计算服务商可以采用及时备份数据、加密数据资源等方式实现防护目的。除此之外，云计算服务商可以在存储数据时，划分云计算平台数据信息为几个相同形式数据段，将它们在不同硬盘中进行存储，从而达到减轻数据信息泄露风险的目的。

其二，对云计算平台功能进行完善。云计算服务商要对云计算平台功能进行大力完善，不断提升开发在线会计功能模块的速度，对服务范围进行积极拓展；立足财务软件原有功能，将各种功能模块（如绩效考核、财务预算等）添加其中，对企业会计服务范围进行拓宽，从而提升会计整体水平。

第二节　基于云计算的会计信息化建设模式构建策略

一、云计算的会计信息化建设模式

（一）云计算对会计信息化的技术支持

云计算是 SaaS（软件即服务）、ASP（应用服务提供商）、公用计算、网格计算的新发展。按照美国国家标准与技术研究院的定义，云计算是一种依据使用数据量、使用时间对费用进行计算的模式，它对能便捷访问网络的入口进行提供。在进入资源共享池后，用户就能对资源共享池内的虚拟数据资源进行访问。这些虚拟数据资源都来源于服务供应商，包括服务、软件、硬件等。云计算有着更为灵活、成本低、虚拟化、个性化定制、部署迅速、应用广泛、规模大等优势，然而我们也要注意到，它存在着一定的安全风险。

从服务类型角度出发，云计算可被划分为三种类别，包括软件即服务（SaaS）、平台即服务（PaaS）和基础设施即服务（IaaS）。这三层体系架构同样构成了由云计算发展而形成的云财务。

下面，我们依据自下而上的顺序对其进行更具体的阐述。IaaS 模式位于云计算体系架构的最底层，即“基础设施即服务”。在对这种模式进行采用时，由专业服务商对虚拟化计算资源、网络服务区、数据存储工具进行提供，采用租赁方式将这些基础设施（服务）提供给用户，用户只需要对少量租金进行支付即可。在“基础设施即服务”的模式下，用户可以依靠互联网对虚拟化资源进行远程访问，并对供应商提供的服务进行使用。华为、阿里、威睿、微软、谷歌、亚马逊等公司都是 IaaS 的主流供应商。

PaaS 模式为云计算架构的中间层，即“平台即服务”。PaaS 模式能够对企业的个性化需求予以满足，并从企业的经营特性、业务性质出发，由企业的财务人员对财务平台开发工作进行参与。立足工作所需功能，财务人员对软件开发人员进行指导，完成财务平台功能定制。供应商将应用程序、网络设备、存储器、服务器的开发都当作一个服务包，对用户进行提供。PaaS 服务模式与企业的实际更为贴合。

SaaS是云计算体系架构的最高层，即“软件即服务”。SaaS和传统的软件运营模式相比，存在较大差异。由于SaaS提供商将软件安装在了云服务器上，所以用户不用再在前期软件购买上投入巨大成本，同时，SaaS提供商对按需付费的方式进行采用，更凸显了便捷、实惠的特点。用户无须操心大量的系统维护与升级工作，也无须操心专业的计算机维护人员以及昂贵的基础设施，供应商会对全面系统的服务和全部的配套设施进行提供。在世界任何地方，只要能对互联网进行连接，用户都可以通过远程操作来完成财务会计审计、报销、核算，随时进行“移动办公”。云平台SaaS云层还提供如下功能：竞争情报、舆情分析、客户画像、费用决策、账务核算、全面预算管理、报表出具、成本管理、供应链管理、财税一体化、电子发票等，其将云端、智慧财务服务真正带给企业。

（二）云计算平台会计信息化建设问题

1. 对云计算认识不足

云计算平台的建设对于一个企业来讲十分重要，它是企业会计信息化建设的重点。从某种意义上来讲，加深对云计算平台的认识可以帮助企业明确会计信息化建设方向，进而推动企业会计信息化的可持续发展。但是目前部分企业在会计信息化建设过程中，对云计算平台的认知并不是很深刻，这不仅影响了企业会计信息化建设进程，同时也在无形中限制了企业经济效益的持续增长。所以为了提升企业对云计算平台的具体使用效果，企业管理层不仅要加强对云计算平台的认识，同时也要积极引进高端IT人才，从而将云计算平台真正落到实处，为企业会计信息化建设增砖添瓦。

2. 应用软件选择局限性

随着信息技术的快速发展，建立在云计算基础上的线上财务系统逐渐成为企业管理会计工作的主要工具，它在一定程度上提升了企业会计工作效率。目前，我国线上财务系统的功能建设虽然取得了一定的成绩，但是我们应认识到其仍处于开拓阶段，为此企业在财务应用软件的选择上依然有较大的局限性。通常情况下，云计算服务商所提供的财务软件主要拥有一些常用的财务功能，如财务报表汇总、线上记账、财务分析以及库存管理等。但是现有的财务软件缺乏更高层次的功能需求，如绩效考核、预算管理等，虽然部分财务软件开通了一些高层次的功能，但往往也是作为单独的应用存在，它们没有和财务管理功能进行对接，这在一定程度上降低了企业管理会计的水平，进而影响企业经济效益的提升。

3. 信息安全问题

一般情况下，云计算的安全问题主要表现在两个方面：第一，我们日常所使用的数据传输网络为公共网络，同时我们所使用的公共网络也是数据存储服务器与存储器建立连接的主要通道，而公共网络本身就存在一定的信息安全问题，所以在这样的环境下信息数据传递就会存在一定的泄露风险，如服务商可以查看到用户的数据信息等。

二、云计算的会计信息化构建策略

（一）中小企业财务会计工作构建策略

1. 构建基础服务模式

在云计算的大环境下，中小企业在开展财务工作时应完善自身的基础设施，如存储器、服务器搭建、数据口建设以及网络资源建设等。当完成基础服务模式构建之后，企业应结合自身实际需求对基础设备进行全面评估，并在此基础上选择与之相匹配的服务设备，进而构建基础平台、深化企业财务管理工作。在这样的服务模式下，中小企业在财务管理方面拥有较大的自主性，如自由选择财务形式、财务内容等。此外，如果在财务管理工作开展过程中，出现设备系统运行问题，也可以做到及时处理，从而在最大程度上保障财务会计工作的顺利开展。

2. 构建平台服务模式

在结合企业用户需求的基础上，专业软件机构为企业提供专业个性化定制方案，并运用互联网技术和服务器软硬件为企业用户服务，这样的服务模式可以使企业进行自主财务管理系统的利用和开发。与此同时，平台服务模式下财务系统的开发效率也会大大提升，并且这种模式企业的投资也较小，所以它可以提升企业财务工作的效率。

3. 构建软件服务模式

企业在云计算的基础上构建软件服务模式具有许多优点，其具体体现在以下几个方面：第一，它可以实现企业财务管理服务的创新；第二，软件服务模式中涉及运营商、服务商的前期开发和后期维护升级，而这些工作均是建立在企业自身需求特点的基础上；第三，企业可以结合自身实际需求，向运营商购买相对应的服务内容。在这样的模式下，企业可以利用云平台统一部署企业财务会计工作，此外各个模块的选择均符合企业自身需求，为此财务会计工作的开展也极具灵活性。

（二）基于会计信息平台系统构建模式策略

1. 软件即服务构建模式

通常情况下，我们又将这种模式称之为 SaaS 模式。在这种模式下，企业不必向运营商购买财务会计管理软件，只要在服务平台上租赁财务会计管理软件即可。无论是软件的运营，还是软件的维护，都由平台负责。该系统的开发需要得到 web 程序的支持，同时按照按需收费的原则对不同的级别的客户进行分类划分，以便更好地管理，另外系统中也应囊括权限配置的系统模块，并通过建立隔离机制的方式实现业务数据的划分。一般情况下，云供应商在平台上推出产品的同时，也会附带与产品相关的售后服务，企业只需要结合自身实际情况和需求，选择相应的产品和服务，这样可以快速实现企业会计信息平台的构建。企业用户在使用云供应商所提供的产品和服务时，只需要根据产品和服务的类型、使用时间、使用数量等支付相应的费用。

2. 平台即服务构建模式

我们也可以将这种模式称之为 PaaS 模式，它也是目前会计信息化平台建设中较为普遍的一种服务模式。这种服务模式不仅可以实现业务的充足，同时也可以在极大程度上满足企业自身需求，实现业务系统的划分以及下游基础数据的精准计算，此外这种模式也为企业提供了相应的硬件设施。从某种意义上来讲，PaaS 模式可以提升会计信息平台上游对资源监督的水平，并及时向用户提供资源。在应用云计算会计信息平台之后，企业在开发商提供的开发语言和环境下可以结合自身需求实现业务软件的开发，其所开发的软件也可以上传至云平台。另外，在这种模式环境下，云供应商可以为企业提供专业服务器，从而协助企业实现财务会计信息系统在会计信息平台中的应用。从整体上来讲，PaaS 模式是 SaaS 模式在合作领域中的有效外延，企业与云供应商的合作范围得到拓展，其不仅局限于单一软件或程序，而且同时也涉及环境服务的开发。企业可以结合自身实际需求，并利用云端软件开发的条件，开发与自身需求相吻合的财务软件。另外，在这种模式之下，企业财务软件开发的难度也低，所以企业没必要再花费其他费用聘请专门的软件开发人员。除此之外，在这种模式下财务人员可以和其他部门人员进行自由沟通，这不仅提升了企业会计信息化系统构建的科学性，而且提升企业会计工作的效率。

3. 基础设施即服务构建模式

基础设施及服务构建模式又被称之为 IaaS 模式，在这种模式环境下供应商可以使用不同的设备为企业提供会计计算服务。在这种模式下，企业安装相应的软件程序，而这些软件程序则会处于会计信息平台的管控（对软件设置、网络组件的管控）范围内，但是它并不会影响云计算基础设施。例如，谷歌公司通过谷歌云互连这样的举措在企业领域取得进展。供应商通过整合储存在云端的存储资源、网络资源以及处理器资源，从而为企业会计信息平台的构建提供丰富的 IT 基础资源。这在无形中不仅丰富了用户的资源数据库，同时也在极大程度上促进用户合理使用这些会计资源。无论是硬件基础服务、软件服务资源，还是数据中心资源都可以直接在 IaaS 模式中获取。云计算平台将企业数据库与云数据中心串联在一起，企业财务人员可以在云端上直接处理会计事务。另外，IaaS 模式环境下企业结合公司的会计业务管理需求，可以在 web 页面上自主选购资源，当然企业也可以按照需求决定资源的使用时间，同时企业也不需要额外购买软件、硬件设施，这为企业节约了不少成本，也在无形中实现了企业资源的优化配置。

目前，我国部分企业开始着力打造会计信息平台，并取得了一定的成效，如阿里云。接下来我们以阿里云发票申请版块为例，在没有填写开票信息时，企业首先需要登录阿里云控制平台，找到“费用”按钮并进入“费用中心”，然后找到导航栏中“发票管理”下的“发票信息管理”，再然后点击进入并填写开票信息。目前阿里云支持电子版、纸质版的增值税普通发票，虽然增值税电子普通发票和增值税纸质普通发票的代码位数不同，但是其作用是一样的。此外，阿里云开具的增值税电子普通发票与国家税务机关监制的增值税发票相同，都具有法律效力，同时它们的基本用途和基本使用规定也相同。消费者可以将阿里云出具的发票作为报销和维权的凭证，受票企业也可以将其作为会计凭证入账。

三、云计算的会计信息化构建模式优势

（一）中小企业财务会计工作构建模式优势

1. 整体分析

（1）减少中小企业成本支出

目前，我国中小企业发展起步较晚，而且规模也较小，企业资金也不够雄厚，而云计算主要是以线上应用的方式存在，中小企业在使用时只需要支付相应的费用，不需要额外支付其他费用，此外后期软件维护、升级的费用也不需要中小企业承担，而是由平台负责。由此可以看出，云计算在中小企业财务会计领域的运用，可以在极大程度上减轻企业资金压力，使中小企业有更多的流动资金用于企业生产经营活动。

（2）构建良好基础条件

云计算与财务会计工作的结合可以使企业拥有大的数据存储空间以及移动数据信息，在这样环境下的中小企业财务会计工作人员可以随时随地的处理财务信息，从而提升企业财务会计的工作效率，例如财务工作人员可以登录云服务平台，获取相应的数据，进而完成工作。此外，中小企业在革新服务、技术的过程中，也可以借助云服务实现，进而降低人为服务的次数，从而提升中小企业对信息处理的灵敏度。

（3）强化合作能力

云计算在企业中的运用会涉及很多部门，如采购部门、销售部门、财务部门等。在云计算平台环境下，企业各个部门之间的沟通联系增加，所以这在一定程度上可以推动各个部门之间的协作关系，并提升部门间的合作能力。

（4）提升整体竞争力

从整体上来讲，云计算与中小企业财务会计工作的融合，不仅可以减少企业财务系统建设费用，同时也在无形中推动中小企业进行革命性变革。另外，云计算在中小企业中的运用也可以在一定程度上更新企业的行为观念，推动企业的持续稳定发展。除此之外，云计算的运用也在无形中提升了企业的管理效率，优化了企业财务管理制度，提升了企业的整体竞争力。

2. 环境分析

（1）经济环境

在市场经济环境下，经济效益是企业追求的重要目标。目前我国正处于经济结构转型时期，经济的整体增长速度逐渐放缓，然而企业间的竞争却日益激烈，产业结构分化已经成为必然。在这样的经济环境下，云计算在中小企业财务会计中的应用，可以快速、有效优化企业财务结构，使其适应当前市场经济发展趋势。

（2）科技环境

对于分布式计算来讲，可以通过相同统计资源使地域范围不同的客户获得规模化计算服务，推动数据库共享的实现，结合实践促进计算系统优化。近年来互联网技术得到迅速发展，数据传输的效率也有了前所未有的提升，这为实现大量数据同步处理、传输以及反馈奠定了基础。此外，云计算还可以使信息传递时的稳定性获得充分的技术支持，从而保障数据流的时效性、稳定性。从某种意义上来讲，科技的发展为云计算发展提供了一定的物理条件。

（3）企业需要

随着社会经济的快速发展，现代企业的管理方式发生了较大的变化，同时对财务会计工作的要求也随之提升。在传统财务会计工作环境下，会计工作人员常用的办公工具有文件、表格等。但是，随着云计算在财务会计领域的运用，它可以帮助会计工作人员随时随地获得、处理动态的会计信息。在中小企业中，财务会计工作十分重要，它是连接企业各个工作环节的枢纽，在传统的财务会计工作模式下，企业结合自己的经营需求购买相应的财务会计软件，这对于中小企业而言是一笔不小的支出。但云计算的运用可以有效地降低财务会计工作成本，符合当前中小企业的发展需求。

（4）政策环境

为了推动我国云计算产业的快速发展，国务院于 2015 年颁布了与之相关的信息产业发展意见。除此之外，政府拟定在产业结构实现初步完整的情况下将带头制定并规范行业标准，促进行业的健康持续发展。

（二）会计信息平台系统构建模式优势分析

会计信息平台主要是企业会计工作人员利用计算机、信息技术的手段完成企业相关业务事项的各项具体工作，如交易、计量、确认以及报告等，另外会计信息平台也会用于企业决策。一般情况下，会计信息平台的构建与云计算服务相融合，企业运用云计算服务与系统可以实现会计核算。具体上来讲，云计算环境下的会计信息平台系统构建模式的优势主要表现在以下几个方面。

第一，降低会计信息平台系统构建、维护成本。在云计算环境下构建会计信息平台就好比将该项目交由云计算供应商，并从供应商处购买相应的服务和平台。在这样的环境下，云计算供应商帮助企业解决平台财务软件的各类问题，如安装、维护等。此外，企业也无需购买会计信息平台相关的硬件、软件设施，这在无形中为企业省去了建构系统的投资问题，企业在支付相应的服务费用之后，也不用负责平台的运营与维护问题。

第二，实现会计业务处理与会计信息的同步传递。企业构建会计信息平台的目的是为了及时获得准确的会计信息，但是在传统财务会计工作环境下，经常会出现系统数据不一致以及财务数据处理不同步等方面的问题，这在无形中影响了企业的经营决策。而云计算环境下建构的会计信息平台可以及时为企业提供会计业务信息，并提升财务会计人员处理信息的效率。与此同时，云计算环境下建构的会计信心平台系统也可以实现会计信息共享，企业大部分的财务会计工作可以实现线上办理，如报税、对账、审计以及交易等，这在一定程度上提升了企业财务会计工作的效率。

第三，为企业提供丰富的内部、外部信息。从某种意义上来讲，会计数据的输入、会计信息的加工处理以及会计信息的高效输出都在一定程度上起到优化、完善会计信息系统的作用。我们可以将会计信息平台看作是一个会计信息转化的载体，即企业会计人员通过分类、整理的方式将企业经济业务资料转变为会计信息，同时通过财务信息的输出形成财务报告。会计信息平台隶属于企业管理系统，为此它不仅担负着会计核算的职责，同时也需要对企业的会计信息进行预测、分析、决策以及控制。企业在运用云计算会计信息平台时，不仅可以获得深入加工的企业内部会计信息，同时也可以浏览云计算供应商提供的市场公开信息，使企业随时了解同行业企业的发展概况。

第四，规范企业财务会计工作。在传统财务会计工作环境中，会计信息受多方面因素的影响，如会计准则修订、软件升级等。同时受会计核算环境的影响，企业经济业务存在处理不及时的问题。在云计算环境中，云计算供应商根据市场变化情况，及时升级会计信息系统，企业也能够按照新的要求，及时规范企业业务处理方式。

（三）高校云计算会计信息化构建模式优势

1. 降低成本

“降低成本”可谓是云计算最突出的特点之一，用户可以结合自身需求租赁相应服务。在传统会计信息平台构建模式下，用户需要一次性购买平台构建所需的计算机软件，这是一个较大的投资。此外，在购买计算机软件之后，还需要搭建与之相匹配的网络运营、服务、维护系统。然而这些问题在云端租赁上并不存在。一般情况下，云端运行的软件仅需 640KB 的内存，这为用户节省了硬件投入费用。此外，也可以将主要财力物力集中在云计算会计信息平台地构建上，从而实现规模效应，并实现互赢。

2. 可扩展性

可扩展性主要是“云”的规模具有一定的动态伸缩性，它随着高校各项业务需求的增长而增长，也就是说高校将业务放入云端之后就不会因为网络带宽、存储空间烦恼。传统的会计信息系统在更新换代时，往往需要更换相应的硬件、软件设施，如计算机硬盘、内存、宽带等，此外传统会计信息系统的更新也伴随着新旧数据衔接困难的问题，如固定资产、存货等数据。另外，在更新系统之后，部分初始数据也很难导入现有的系统之中。即便是在传统会计信息系统不升级的情况下，随着时间的推移，计算机中的数据会逐渐增加，最终导致计算机因可用存储空间不足而运行速度变慢，甚至出现死机等问题，而云计算与会计信息平台的融合可以很好地解决这一问题。

3. 高共享性

云计算的会计信息化平台可以实现资源共享。接下来了我们以高校教师的工资统计为例，高校教师的工资由多方面组成，其中包括课时费、职称工资、奖金、课题项目等，而这些来自于不同的部门，如果在传统会计核算环境下，需要将各个部门的数据一一收集汇总，其工作量十分大，但是在云模式下，只要将原始数据录入之后，以后各个部门之间将会实现数据资源共享，进而减少工作环节，提升工作效率。

4. 远程访问

从某种程度上来讲，云计算的最大特点是实现了会计工作的网络化，即利用网络为用户提供服务。对于高校用户而言，不管高校分校在哪个地区，也无论高校出差办公人员身在何地，只要可以连接网络，就可以享受云计算提供的服务。在一定程度上来讲，云服务的诞生颠覆了传统 IT 服务的提供方式，在传统 IT 服务中往往是将业务集中在一台电脑上处理，而现在只要是可以连接网络的电脑都可以实现业务办理，这种远程操作方式提升了高校的工作效率。

5. 模块化服务

一般情况下，云计算为高校所提供的服务为模块化类型，高校可以结合学校的实际需求，选择合适的办公模块，而不需要全部购买，如应付管理模块、应收管理模块、固定资产模块以及工资管理模块等。

第五章 物联网环境下的会计信息化建设

不管何种学科的诞生都离不开理论的指导，会计信息化建设也不例外。会计信息化发展的理论主要包含计算机理论和会计信息化理论两部分，而物联网环境下的会计信息化建设不仅需要以上两个理论的支持，同时还需要构建物联网理论模型，这也为旧的会计理论提出了更高的要求。本章主要从两方面内容展开论述，依次是物联网与会计信息化的关系、物联网环境下的会计信息化建设。

第一节 物联网与会计信息化的关系

一、物联网的基础知识

（一）物联网的概念

由工业和信息化部与中国社科院工业经济研究所联合举办的《中国工业经济运行夏季报告》新闻发布会上，工业和信息化部门总工程师、新闻发言人朱宏任指出，物联网是一个新概念，至今为止还没有一个约定俗成的、大家公认的概念。[①]

从宏观角度来讲，物联网指的是各种传感器与互联网连接的技术。它是一项新的技术，为此受到人们的高度重视。其实物联网在我们生活中也十分常见，如商品上的条形码，它们与互联网连接，通过扫描这些条形码我们可以掌握商品的具体情况。

---

① 中国社会科学院工业经济研究所工业经济形势分析课题组．中国工业经济运行夏季报告(2020)[M]. 北京：中国社会科学出版社，2020.

物联网的概念由MIT（美国麻省理工学院）中的凯文·阿什顿（Kevin Ashton）提出，他的定义很简单：将所有物品通过射频识别等信息传感设备与互联网连接起来，实现智能化识别和管理。[①] 在凯文·阿什顿对物联网做出定义之前，《未来之路》一书中便首次从物流、金融、能源、零售等方面对物联网的应用场景进行了描述。

从某种意义上来讲我们可以将物联网看作是自计算机、互联网之后的世界信息产业第三次浪潮，但它并非一个全新的技术领域，而是现代信息技术发展到一定阶段后出现的一种聚合性应用与技术提升，是随着传感网、通信网、互联网的成熟与积淀，人类生产、生活方式的变化应运而生。目前，关于物联网的定义，有一个约定俗称的说法，即按照约定的协议，利用射频识别（RFID）、传感器、激光扫描等信息传感设备将所有的物品与互联网连接起来，进行信息交互和通信，从而实现智能化识别、定位、监控、管理的一种网络。换句话说，物联网就是一个物物相连的互联网，从具体上来讲，它主要包含两个方面的含义：第一，互联网是物联网的核心与基础，物联网的建设与延伸是建立在互联网的基础上。第二，物联网的用户单延伸至所有的物品，实现了信息物品信息交换和沟通，这也就是物物相息。物联网将智能识别、智能感知等通信感知技术广泛应用与网络融合，它是互联网应用的拓展延伸。所以将物联网看作是业务和应用更为妥帖，这在一定程度上也决定了物联网的发展核心——应用创新。

（二）物联网的结构

目前关于物联网技术体系的说法有很多，但是世界上大部分专家普遍认为它主要包含三个层次：感知层、网络层、应用层。假如我们将物联网比喻成人，那么人的皮肤以及五官便是它的感知层，人的大脑和神经是它的网络层，人在社会中所做的各种实践行为便是它的应用层。

感知层。感知层的主要作用是收集信息、识别物体。首先，信息的收集。它主要针对的是现实世界中发生的事件及物品的数据信息，如物品的位置信息、物品的体态信息等。通常情况下，物联网感知层职能、作用发挥的设备有很多，如

---

① （美）凯文·阿什顿. 创造 [M]. 玉叶（译）. 北京：华夏出版社，2016.

传感器网络、GPS、传感器等。与此同时，通过利用职能传感器信息采集技术采集物品的基础信息，并接收上一级流程传送过来的控制信息，结合二者信息做出相应的操作。这好比是所有的物品都拥有了嘴、耳和手，物品不仅可以将自身信息发送到网络层，而且还可以同时接收网络层下达的指令，并做出相应的操作。如果在现实社会中，所有的物品都拥有了这些功能，那么可以说物联网环境下的所有物品都拥有了人体的皮肤和五官功能。

网络层。在上文的分析中，我们将网络层比喻成人体的大脑和神经，其主要作用是处理、传递信息。感知层将收集到的信息数据快速、准确地传送至数据中心，为了保障远距离传输数据信息的目标，在传递过程中要保障数据信息传递的安全性，进而实现各项数据相互连接的目的。物联网的这个过程也可以看作是人利用飞机、火车等交通工具进行的区域流动。从实际上来讲，网络层中有诸多的网络和数据管理中心，其功能与人的神经和大脑的功能相似。

应用层。所谓应用层就是将汇总、收集到的各项数据进行分析，结合分析结果做出决策，并最终应用在各个部门，从而使物联网的功能全部发挥出来。从整个过程上来看，物联网是一种社会功能的应用，它结合自身与社会各个行业的特点及需求，使其实现智能化发展，推动整个社会的管理模式及生产方式的变革。

（三）物联网的关键技术

智能化时代的到来，智能科技热潮的发展趋势都指出物联网会是下一个技术应用发展的关键。因此，越来越多的人将目光集中在了智能科技物联网上，那么想要从事物联网行业需要了解哪些主要的技术呢？下面具体介绍一下。

1. 射频识别技术

通常情况下，我们将无线射频识别技术简称为射频识别技术（RFID），它是一种自动识别技术。它主要是通过利用无线射频技术进行非接触的双向数据通信，如对电子标签、射频卡的读写，通过这种方式来实现目标识别以及数据交换的目的。从某种意义上来讲，射频识别技术被认为是21世纪发展潜力最大的信息技术。

完整的RFID系统由阅读器（Reader）、电子标签（Tag）和资料管理系统三部分组成。其工作原理为利用阅读器进行资料管理系统与电子标签的非接触式的数据通信，进而实现物品识别的目的。当前 RFID 的应用领域十分广泛，如物料管理、门禁管制、动物晶片以及停车场管制等。

射频识别技术之所以在很多领域得到广泛应用，与其自身优势有很大关系。从射频识别技术的外表来看，其载体一般具有防水、耐高温、防磁等特点，这样可以有效保证射频识别技术可以在各种恶劣的环境下正常使用。此外，从射频识别技术的使用方面来看，它具有如下优势：第一，资料更新及时。在人力、物力、财力减少的情况下，射频识别技术可以实现资料的实时更新，并提升工作的便捷性。第二，存储量大。射频识别技术主要是利用计算机进行存储，为此其存储最大可达到数兆字节，由此可以看出其存储量十分大，从而可以保证工作的顺利开展。第三，使用寿命长。只要不是故意损毁，并在使用中拥有一定的保护意识，射频识别技术是很难损坏的。第四，工作效率高。从某种意义上来讲，射频识别技术的应用改变了传统信息处理的方式方法，实现了多目标信息同时识别，这在无形中提升了我们的工作效率。第五，安全性高。一般情况下，射频识别技术设有密码，很难被伪造，因此它的安全性也比较高。此外，射频识别技术还有很多的优点，在此便不一一赘述。传统的条形码识别技术与射频识别技术有一定的相似之处，但是传统条形识别码技术的信息资料更新、信息存储量以及使用寿命、工作效率等方面都与射频识别技术有较大的差距，已经很难满足当前社会发展的需求，同时也很难满足相关领域的需求。

2. 传感器技术

传感器是获取信息的重要手段，它与通信技术、计算机技术并列为信息技术的三大支柱。一般情况下，传感器主要由四部分组成：转换软件、敏感元件、辅助电源、变换电路。在上文分析中，我们得知物联网共分为感知层、网络层和应用层三层。其中，感知层负责信息采集和物物之间的信息传输，信息采集技术包括传感器、条形码和二维码、RFID 射频技术，音视频等多媒体信息技术；信息传输技术包括远近距离数据传输技术、自组织组网技术、协同信息处理技术、信息采集中间件技术等。感知层是实现物联网全面感知的核心层，是物联网中的关键技术之一。

作为物联网的“触手”，传感器在如今信息快速发展的时代具有十分重要的作用，是整个物联网中不可或缺的一部分，是采集目标信息的重要手段。目前，传感器技术已经被应用到各个行业，如工业生产、环境保护、医疗检测以及生物工程等。同时传感器技术也逐渐朝着智能化、微型化以及数字化的方向发展。从当前传感器技术在各个领域的应用情况来看，当前该技术的应用难点主要来源于恶劣环境下的种种考验，如高温等。在这些不良环境因素的影响下，传感器灵敏度会发生变化，抑或是产生零点漂移。除此之外，在安装传感器时也需要考虑如何克服横向力的问题。

3. 嵌入式系统技术

物联网是基于互联网的嵌入式系统。在早期，嵌入式系统曾经历过单片机时代，直至21世纪之后，随着科学技术的飞速发展，才逐渐进入多学科支持下的嵌入式系统时代。从嵌入式系统出现之日起，它就将物联作为发展目标，从具体上来讲其主要表现在两个方面：一是将系统嵌入物理对象之中，二是实现物理对象的智能化。目前有很多的嵌入式系统，而且只要它们可以实现系统设备网络通信能力的提升以及融入智能信息处理技术，它们便可以应用在物联网之中。

如果我们将物联网比喻成人，那么传感器就相当于人的眼睛、鼻子等感知器官，网络就相当于人的神经系统，而嵌入式系统就好比人的大脑，掌管各种信息的处理。所以，嵌入式系统技术的重要性不言而喻。

4. 云计算技术

云计算技术是物联网涵盖的技术范畴之一。从某种意义上来讲，云计算属于一种灵活的IT资源组织和提供方式。它支持数据分布式存储，同时也可以对这些数据进行并行处理，一般情况下其数据处理框架为本地计算机处理的大部分数据，而且不需要对这些信息进行远程传输。

在物联网飞速发展的环境下产生了大量的数据，这无疑给传统硬件架构服务器产生了巨大的冲击，它已经无法满足物联网数据管理和处理的需求，而云计算在物联网中的应用将在极大程度上解决这一问题，这对提升运作效率有积极意义。可以说，如果将物联网比作一台主机的，那么它的CPU就是云计算。

云计算是采用分布式计算的方式，将大量的计算分布在多个独立计算机上，这从某种程度上来讲计算能力便具有了商品的流通性质，好比是日常生活中的煤气、水电等，比较廉价。例如，我们百度上的检索功能也是云计算应用的一种。

（四）物联网的特点

1. 物联网也是互联网

物联网，即物的互联网，属于互联网的一部分。物联网将互联网的基础设施作为信息传递的载体，即现代的物联网产品一定是“物”通过某种方式接入到互联网，而“物”通过互联网上传 / 下载数据，以及与人进行交互。举个通过手机 App 远程启动汽车的例子，当用户通过 App 完成启动操作时，指令从已接入互联网的手机上发送到云端平台，云端平台找到已接入互联网的车端电脑，然后下发指令，车端电脑执行启动命令，并将执行的结果反馈到云端平台；同时，用户的这次操作被记录在云端，从而用户可以随时从 App 上查询远程开锁记录历史。“物”接入互联网，数据和信息通过互联网交互，同时数据和其他互联网应用一样汇聚到云端。

再举一个例子，一个具有红外模块的手机，可以通过发送红外信号来开关客厅的电视机，这种应用在功能机时代十分常见，那么这个场景属于物联网应用吗？看起来很像，同样是用手机操纵一个物体，不过此时你的电视并没有接入互联网，你的手机可能也没有，手机和电视的交互数据没有汇聚到云端，所以这个场景不属于现代物联网场景。

2. 物联网的主体是“物”

前面说现代物联网应用是一种互联网应用，但是物联网应用和传统互联网应用又有一个很大的不同，那就是传统互联网生产和消费数据的主体是人，而现代物联网生产和消费数据的主体是物。

我们可以回想一下自己上网娱乐的日常：刷微博、写微博的是人，看微博的也是人；看短视频的是人，拍短视频的也是人；上淘宝买东西，下单的是人，收到订单进行发货的也是人；上在线教育网站学习，写课程的是人，学习课程的也是人。在传统互联网的应用场景中，生产的数据是和人息息相关的，人生产数据，也消费数据，互联网平台在采集这些数据之后，将分析和汇总的结果也应用到人这个主体上，比如通过你的偏好推送新闻、商品等。不过在现代物联网的应用场景下，情况就有所不同了。首先数据的生产方是“物”，比如智能设备或者传感器，数据的消费者往往也是“物”，这里举个例子。在智慧农业的应用中，孵化室中的温度传感器将孵化室中的温度周期性地上传到控制中心。当温度低于一定阈值时，中心按照预设的规则远程打开加温设备。在这一场景中，数据的生产者是温度传感器，数据的消费者是加温设备，二者都是“物”，人并没有直接参与其中。

当然，在很多现代物联网的应用场景中，人作为个体，也会参与数据的消费和生产，比如在上面的例子中，打开加温设备的规则是人设置的，相当于生产了一部分数据。同时，在打开加温设备时，设备可能会通知管理人员，相当于消费了一部分数据。但是在大多数场景下，人生产和消费数据的频次和黏度是非常低的。例如，我可能会花 3 个小时来写一篇博客，但我只会花几分钟来设置温度的阈值规则；我可能会刷一下午的抖音，但不会花整个下午的时间一条条地看孵化室的温度记录，我只要在特定事件发生的时候能够收到一个通知就可以了。在这些场景下，数据的主体仍然是“物”。因此，这就是物联网和传统互联网最大的不同：数据的生产者和消费者主要是物，数据内容也是和“物”息息相关。

（五）物联网的前景

物联网的应用场景非常广泛，包括智慧城市、智慧建筑、车联网、智慧社区、智能家居、智慧医疗、工业物联网等，在不同的场景下，物联网应用的差异非常大，终端和网络架构的异构性强，这意味着在物联网行业存在足够多的细分市场，这就很难出现一家在市场份额上具有统治力的公司，由于市场够大，所以能够让足够多的公司同时存活。这种情况在互联网行业是不常见的。互联网行业的头部效应非常明显，市场绝大部分份额往往被头部的两三家公司占据。

物联网模式相对于互联网模式来说更“重”一些。物联网的应用总是伴随着前端设备，这也就意味着用户的切换成本相对较高，毕竟拆除设备、重新安装设备比动动手指重新下载一个应用要复杂不少。这也就意味着，资本的推动力在物联网行业中相对更弱。如果你取得了先发优势，那么后来者想光靠资本的力量赶上或者将你挤出市场，那他付出的代价要比在互联网行业中大得多。

所以说，物联网行业目前仍然是一片蓝海，小规模公司在这个行业中也完全有能力和大规模公司同台竞争。在 AI 和区块链的热度冷却后，物联网很有可能会成为下一个风口。作为程序员，在风口来临之前，提前进行一些知识储备是非常有必要的。

2019 年大约有 36 亿台设备主动连接到互联网，用于日常任务。5G 商用将为更多设备和数据流量打开大门。物联网未来的发展将与数字经济、人工智能、5G 及后 5G 密切相关。

1. “互联网 +”与物联网

易观国际集团董事长于扬在 2012 年 11 月份第一次提出“互联网 +”的概念，他认为传统和服务都应该被互联网改变，移动互联网只是这个“互联网 +”的一个通道，未来“互联网 +”是下一个社会基础设施。政府报告中曾对“互联网 +”的概念进行了相应的解释，并指出它是一种以信息经济为主流的经济模式，是知识社会创新 2.0 与新一代信息技术的发展与重塑。它可以在一定程度上推动云计算、互联网、物联网以及大数据与现代制造企业的深度融合，同时也可以在一定程度上推动电子商务、工业互联网以及互联网金融的发展，推动互联网企业国际市场的开拓进程。“互联网 +”概念的提出主要是为了运用互联网信息技术，推动国内相对落后地区制造业的全面发展，如生产效率的提升、生产品质的提升、营销能力升级与创新等。换句话来讲，也就是通过信息流来带动物质流，提升整体产业的国际影响力。

2. 边缘计算与雾计算

物联网设备在以超乎想象的速度产生数据。我们以智能摄像头为例，随着科学信息技术的飞速发展，其分辨率由 1080p 提升至 4K，如果持续使用一天，它所采集的信息数据量将高达 200GB。同样智能医院、智能工厂以及自动驾驶等方面，它们一天所能产生的数据约为 3TB、1PB、4TB。

如果物联网中所产生的这些数据，被源源不断地上传至云端，那么其存储压力也会与日俱增，因此提出了边缘计算的解决方案。所谓边缘计算，是一种在物理上靠近数据生成的位置处理数据的方法。边缘计算可以看作无处不在的云计算和物联网的延伸概念；雾计算的概念与边缘计算相比范畴更大，它包含了边缘计算，雾计算实现了云计算和边缘计算的自适应融合。

从本质上来讲，边缘计算是对智能和计算的一种移动，即将其从网络中的集中式数据服务器移动至网络边缘硬件之中。在边缘计算中，传感器所收集到的数据不用发送至中央服务器，而是直接使用本地硬件进行数据处理，然后将数据处理结果反馈至云端。一般情况下来讲，边缘计算主要具有以下几个方面的优势：（1）进行理想的计算；（2）实现数据处理的实时性；（3）可以从各个边缘点收集处理的数据；（4）消除带宽限制，减轻原始数据的传输压力；（5）减轻数据中心的计算压力；（6）可降低云网络从数据中获得信息的依赖性；（7）提升对敏感数据管理的程度。通常情况下，边缘计算和雾计算主要被应用在以下几个方面。

（1）无人驾驶汽车

无人驾驶汽车的发展建立在多方数据计算的基础上，如实时交通数据、障碍及危险数据等，通过对这些数据的分析，从而做出正确的决策，进而避免交通事故的发生。虽然无人驾驶汽车依然需要利用云网络发送、共享、接收数据信息，但是我们也不能忽视本地计算在无人驾驶汽车中的重要性，尤其是在实时决策方面的作用。据相关数据统计表明，无人驾驶汽车每小时可以产生3TB的数据。因此，如果无人驾驶汽车被广泛运用在日常生活时，将会给云计算网络带来巨大的数据压力。另外，雾计算还可以用来计算本地流量数据，这种计算方式主要是对本地车辆信息的收集、处理，从而得出流量数据，并将其上传至云端共享，进而实现实时分析和决策。

（2）智慧城市

边缘计算和雾计算对于收集城市交通、建筑物健康、照明以及行人等实时数据方面有重要作用。边缘计算节点不仅可以借助高分辨率来分析天气、交通以及基础设施运营等方面的情况，同时还可以通过云为居民或访客获取这些信息。目前，在一些领域中已经出现了某种形式的边缘计算，随着技术的发展未来边缘计算将会得到广泛应用，如智能工厂、智能城市、智能制造以及智能零售等等，而它们在物联网中的应用，其信息数据的采集、上传离不开边缘计算设备及网关设备的支持。而这些边缘设备或者解决方案与分布式数据库、分布式数据处理共同构成了边缘计算体系。但是我们需要注意的是边缘计算体系并不是独立存在的，它往往与云计算产生的数据有较大的联系。

3. 人工智能与第三次智能工业革命

AIoT（人工智能＋物联网）成为物联网变革各行各业的有力工具。与物联网类似，人工智能也属于一种赋能的工具，给国民经济各行各业提供新方法、新视野和新玩法。

当人工智能与传统行业融合时，尤其是要对传统行业的核心生产经营流程进行优化、革新、重构时，中间需要物联网深入到各行业核心生产经营流程中，获取感知数据和行业知识，在此基础上通过人工智能的能力来变革行业。

当物联网本身产业发展成熟度还不够时，与人工智能配合并不一定能给行业带来新的认知。而目前正是物联网对行业变革的规模效应初显的时候，AIoT 正当时。AI 技术早已远离了初期的炒作阶段，这种技术旨在学习、适应和识别模式，并大规模地模拟人类智力，无论是全自动汽车还是飞机自动驾驶系统，它们都可以在瞬间做出智能化的决策。

从某种意义上来讲，AI 技术和物联网属于共生关系。从通常情况下来讲，AI 的运行需要拥有强大的数据处理能力，而这个要求在大部分情况下只能通过裸机计算能力来实现。另外，速度和性能也具有十分重要的作用，因为瞬间做的决策可能是性命攸关的决定。除此之外，AI 引擎所做的决策，需要快速而准确的反馈给物联网设备。例如，无人驾驶中的自动驾驶系统，不仅可以检测到危害人体生命安全的洪水灾害，重新规划路线，并将数据上传至物联网设备发出洪水警报，避免交通事故的发生。同时医疗设备可以自行为病人心脏除颤，同时向最近的医院发出求救信号。除此之外，还有很多关于这方面的实例，如信用卡欺诈检测、苹果 Siri 技术、亚马逊 Echo 生态系统等。

从以上的例子我们可以发现 AI 技术对速度、数据量都有较大的需求，而 AI 技术则以编程的方式来处理这些数据，并在此基础上做出实时决策。AI 努力实现程序化的推理，同时在推理的过程中不断地进行自我纠正，进而完成学习。在企业经营生产中，AI 技术具有无限的发展空间，AI 技术在企业技术与企业生产经营中的应用，可以有效降低人为错误，同时也可以实现企业的数字化管理转型，从而最大程度上提升客户体验。

4. 物联网与工业互联网

消费领域对物联网概念的快速普及起到重要作用，工业领域给物联网带来了最大的价值。

（1）工业互联网主要有两类应用，其一是大型企业中的集成创新，另一方面是中小企业的应用普及。之所以出现这两种类型，很大程度上是受我国制造企业技术水平参差不齐的影响。

（2）工业互联网主要有三大体系：一是网络体系，它是工业互联网的基础；二是平台体系，它是工业互联网的核心；三是安全体系，它是工业互联网的保障。一般情况下，工业环境主要由以下几个方面组成：人、物品、车间、机器、生产、设计、研发、管理等。而工业互联网的三大体系在工业环境中的作用分工各不相同，其中网络体系主要负责的是企业所有生产链的泛在深度互联，平台体系主要负责企业数据汇总、数据分析，它在工业环境中既充当连接枢纽的角色，又充当智能制造的大脑，安全体系则是抵御工业环境中的各种风险，维持整个体系的正常运行。

（3）工业互联网的主要发展模式有四种：第一，一大联盟。它主要指的是工业互联网产业联盟（AII）；第二，两大阵营。这两大阵营分别为应用型企业和基础型企业，其中应用型企业中主要包含离散型和流程型制造企业，而基础型企业中主要包含基础电信、互联网、自动化、集成商等；第三，三大路径。所谓的三大路径主要指的是面向企业内部的生产效率提升，面向企业外部的价值链延伸以及面向开放生态的平台运营；第四，四大模式。出发点不同，其模式也有所不同，如基于企业互联的网络化协同、基于供需精准对接的个性化定制，又如基于现场连接的智能化生产、基于产品互联网的服务延伸。

二、物联网与会计信息化的关系分析

（一）从影响视角分析

1. 物联网解决了会计数据源问题，为会计信息质量实现提供了保障

目前会计信息化中，部分会计业务环节依然需要会计人员进行人工操作，而

人工操作的方式本身就存在一定的缺陷，这在无形中降低了会计信息化处理的质量。但是将物联网技术应用到会计信息化建设之中，便可以在最大程度上减少人为操作环节，实现会计核算等操作，从而提升会计核算的客观性、可靠性。我们将带有详细商品信息的电子标签作为对象，通过使用会计信息系统，我们可以快速、准确掌握商品的各个数据信息，然后对商品进行相关信息的自动处理与确认，并结合实际需求生成相应的报表。例如在企业生产经营活动中，运用电子标签的方式将生产经营中的原材料、产品以及设备等详细信息录入其中，从而使企业中的每一个物品都有一个独特的专属，并在此基础上在企业生产经营中的各个环节（采购、入库、生产、物流、销售等）增设感应设备，从而收集相关物品的信息，并将其录入数据库。企业工作人员可以利用数据库中的数据信息对物品实现跟踪，同时通过网络形式也可以全面展示物品的详细信息，再将这些信息传输到会计信息系统，为企业会计核算工作提供相应的依据。从宏观角度来讲，企业这一流程的实现在很大程度上依赖于数据的录入与读取，而数据的录入和读取又依赖于物联网技术及管理系统，因此整个过程没有人为的干预，这也在无形中保证了业务数据的真实性。另外，相关数据的收集发生在业务进行的过程中，而不是业务发生之后，所以这也保障了数据的实时性。真实及实时的数据可以提升会计财务核算的准确性，从而更加精准的反映财务的资产和运营状况，为企业决策的制定提供依据。

2. 推动会计信息标准化规范建设

随着企业生产经营规模的扩大，企业的管理也逐渐朝着正规化的方向发展。从会计层面角度来讲，会计的标准化规范也将成为未来会计信息化发展的必然趋势。在传统模式下，并未对会计财务报表的形式做出明确规定，从而导致多形式财务报表现象的存在，而不同形式的财务报表的生成依据也各不相同，这在无形中导致无法有效整合各种财务报表信息，从而导致财务信息的信息化转化难以完成，与此同时也会在一定程度上影响财务报表数据的真实性、有效性。而物联网技术在无形中可以解决以上的这些问题，从某种意义上来讲，物联网时代的到来为企业会计信息化发展创造了良好的环境。以可扩展商业报告语言为例，语言是建立于基础之上的计算机语言，承担着财务信息及商业信息定义与交换任务，也是当前处理财务信息的主流技术之一。应用语言，可以依照财务信息的具体要求将财务报告内容划分为若干个数据源，在数据信息规则条件下对数据源标注上唯一的数据标记，从而生成标准化规范。借助语言实现财务报表信息标准化，能够为财务报告跨语言、跨平台交流与共享提供技术条件，为实现信息高效率应用奠定基础，且大幅度地降低了财务报表信息交换的现实成本。通过互联网进行会计信息分享，可以提高信息时效性，且能够分析财务信息存在的内在联系，为财务信息应用与作用发挥提供支持。物联网下的会计信息化解决了不同格式的会计信息交互问题，为会计信息服务效率及质量实现提供了帮助。

3. 规避信息孤岛问题，提高会计信息协同度

信息孤岛是当前会计信息化建设过程中的典型问题，这个问题在一定程度上导致许多财务信息无法协同应用。另外，不同的企业所采用的财务软件也有所不同，为此数据的应用还需要重新录入，同时各个财务软件之间也无法做到兼容，所以在导入、导出数据时会发生数据错误的情况，这在一定程度上降低了会计核算的准确性，进而增加了企业内部控制和子牙室内整合的难度。物联网技术在一定程度上可以很好地解决企业会计信息数据交互的问题，与此同时它也为企业会计信息化提供了明确的技术标准和会计信息整合平台。在云计算中包含了众多的算法，同时将各项计算任务分配到计算机资源池中，并借助商业模式将计算能力分布到用户终端上。无论是云计算的软件，还是云计算的硬件都具有较高的集成度，这可以帮助企业在降低成本的同时提升企业的管理效果。另外，在云计算环境下，企业可以在同一个平台上处理财务信息，也可以加强财务部门与其他部门的联系，如经营部、决策部等，这样可以实现各个部门之间的高效沟通，从而解决信息孤岛的问题，提升企业会计信息的协同度。

（二）从“区块链”视角分析

所谓的区块链是一个结合多种技术的有序交易链，如密码学、分布式系统以及博弈论等技术，同时它也是一个存储数据、信息的数据库。一般情况下，区块链具有透明、可追溯、不可伪造及无痕等特征。区块链的部分特征可以很好的应用在会计领域，如共享、公开、记录等。目前我国对物联网建设的重视程度十分

高，积极发展5G技术，并将物联网运用在会计领域。但是安全问题、数据价值的体现等方面的问题一直是限制物联网和会计融合的关键，然而区块链的融入可以有效解决这些问题。

1. 会计核算应用

（1）确认

复式记账法是一种传统的记账方法，它拥有500多年的历史，但是随着时代的发展这种传统的记账方法将会被革新。区块链所运用的分布式记账方法，在密码学和多方存证的作用下，交易的不可抵赖和真实性得到了大大提升。这种方法无需实现借贷平衡，只需要由中心共识、抽签或投票等方法达成共识即可。随着市场经济的快速发展，无形资产的确认逐渐受到人们的重视，为此无形资产确认方式的革新显得尤为重要。会计信息化环境下，云会计录入与传统会计录入存在明显的不同，通过利用物联网电子标签技术，可以实时、准确地获取相关信息。从某种程度上来讲，在物联网的万物互联及云计算的共同作用下，可以在短时间内实现会计确认。而区块链和物联网的结合使会计确认更加便捷。

（2）计量

我们可以将区块链看作是因交易而形成的账户。有交易就会有顺序，而区块链便是由一系列有序交易组成的。在链上保留着各个环节交易的信息，而且这些信息可以随时被查看，这在一定程度上可以提升计量属性的标准化，同时对财务数据的客观性也产生了一定的要求。货币具有时间价值，会计计量属性具有多样性，公允价值属性也得到重视。在传统会计计量中往往采用的方法十分简单，从而导致会计计量不够精准。随着物联网和区块链、大数据的结合，在会计计量过程中可以计算各种不定因素，这在无形中提升了会计计量的准确性。

（3）记录

利用RFID技术进行记录，从而实现管理的透明化。在物联网环境下，数据的读取工作将不再依赖于人，企业中的各个部门都可以及时、准确地获得各项准确数据，进而提升其工作效率。区块链可以在一定程度上加强机器节点之间的相互自治，并形成一个有价值的物联网。一般情况下，区块链是由一个个区块组成，当一个区块的交易记录未完成时，下一个区块将无法开展。这些记录都是通过抽签“挖矿”达到分布式共识，如果没有得到认可是不可以记录的，这在无形中保障了试算平衡，同时也避免了重复。

（4）财务报告

一般情况下企业财务报告都是按照季度、年度的方式编制，随后再公示出来，为此企业财务报告的时效性并不是很理想。物联网与会计结合的目的之一是为了解决财务报告的时效性问题，而这一关键在于将企业所有业务整合到财务报告之中。如果财务报告中的数据离底层原始数据越远，那么其真实性也就越差，所以这也是目前大部分企业极力想证明其真实性的原因。在物联网时代，企业底层数据可以直接汇总成结果，这大大减少了人为干预的机会，提升数据信息的真实性。而区块链的出现又在一定程度上降低了企业会计信息数据的滞后性，同时通过密码学技术提升企业财务数据信息的安全性。例如，公钥可以查看企业所有公开的信息，而私钥只能查看其允许看的信息，以此来防止信息的泄露。除此之外，私钥具有不可复制性，无论是谁都不能伪造，这在无形中保障了财务报告的安全与客观。

2. 信息储存应用

物联网的信息存储离不开云计算和云存储的帮助，传统的存储方式受存储空间的限制只能保存部分重要信息，而云计算和云存储则拥有较大的会计计算能力和存储空间。例如我国自主研发的阿里云，通过利用 ODPS（阿里云开放数据处理服务）技术，在短短 20 分钟之内就可以分析完浙江交通的全部数据，而实时路况数据的分析仅需要 10 秒钟。区块链上的信息储存在节点上，由分布式系统储存，全局统筹管理，为使用者提交的数据提供最合适的处理这也是保障区块链安全的一个重要原因。从某种意义上来讲，区块链和物联网地结合在无形中提升了数据的信息安全，并在此基础上筛选出更多有用的信息。

3. 审计应用

目前企业审计工作主要是在事后进行，但是区块链与物联网的结合，使人们逐渐重视事前、事中的审计工作，从而更早的预防、发现、解决问题。在通常情况下，区块链具有公开性和透明性的特点，相关人员可以及时、准确地获取相关数据信息，这在一定程度上节约了审计时间，提升了审计效率。例如在实物审计中，审计人员可以利用电子标签技术了解实物的详细信息，这可以极大程度上减少人力、物力，从而降低审计成本。在物联网技术环境下，可以全面、立体地反映企业经营状况，从而得出客观的审计结果。另外，审计具有谨慎性，而物联网技术的运用在无形中可以提升审计结果的可靠性。

4. 税务应用

虽然电子发票的普及为企业财务报销工作带来了一定的便利之处，但是它也在某种程度上产生了重复报销的问题，从而导致企业投入大量人力进行复核。物联网与区块链技术在企业发票终端的应用，可以将开票的全部流程体现在链上，每一个区块节点达成共识，可以有效保证发票的真实性，避免人为篡改以及提供假发票的情况，进而减少企业会计工作者的工作量。

第二节　物联网环境下的会计信息化建设

一、物联网环境下会计信息化建设分析

（一）物联网与会计信息化发展结合的必要性

1. 能够明确企业生产成本

企业在生产经营过程中都会产生成本，这是每个企业都无法避免的。而成本的多少在一定程度上直接影响了企业盈利的多少，为此每个企业都希望降低不必要的生产经营成本，实现利润最大化。物联网技术在企业会计信息化中的应用，可以帮助企业发现那些不必要的生产经营成本，并使其降低，从而降低企业经营风险，提升企业盈利水平。与此同时，物联网技术可以实现对企业生产经营中每个环节费用支出的监控，为此在物联网技术下，企业的成本支出变得更加透明，这样企业经营者便可以结合企业发展需求对各种成本进行调整，另外会计人员也可以对成本进行动态核算与管理。

2. 完善数据源的问题

在原材料购买环节，企业便可以运用电子标签技术，将原材料的购买、入库、使用等信息传输至相关数据库之中，从而实现成本细节化管理。如果企业各项数据的真实性可以得到有效保障，那么企业会计工作也会得到一定程度的简化，即

便是在工作中出现部分问题，也可以及时修正，但是在传统会计工作中，一旦发现问题，不仅不能及时解决，而且还会浪费更多的人力、物力。当企业各项数据具有了较强的时效性之后，其价值也将大幅度提升，与此同时各个环节的信息量也会随之增加，从而保障了数据的完整性。

3. 科学的对企业内部各部门进行控制与协调

从某种意义上来讲，物联网可以对企业各个部门的工作情况进行有效监督，同时企业通过 RFID 技术可以实现对企业生产中各个环节的监管与调整。物联网技术作为会计信息领域的一项新兴手段，它可以在无形中提升会计监管工作的科学化。此外，物联网技术的应用可以协调企业各个部门，从而使企业经营更加规范化，同时也可以在一定程度上提升企业会计信息化建设水平。

4. 促进实时会计系统的实现与完成

通常情况下，财务管理人员可以根据企业经营的状况进行有效的核算，但是在整个核算过程中会涉及大量的凭证。企业的每一笔经济业务都会产生相应的凭证，一般情况下企业记账凭证的自动化程度受凭证模板数量的影响，如果凭证的模板变多，那么其自动化程度就越高，反之越低。RFID 技术的应用使企业所有业务环节处于监管之下，因此在企业在发生经济业务时，系统就会自动生成相关凭证，而企业会计人员只需要对生成的凭证信息确认即可，这在无形中降低了会计的工作难度，同时也在极大程度上提升了他们的工作效率。与此同时，企业业务系统与财务系统的贯通，也提升了企业内部管理的智能化水平。

5. 能够真实地反映出企业的经营现状

目前，物联网在企业会计领域的作用日益显著，它依然成为企业内部控制、会计监督的有效手段。在物联网的作用下，企业可以对产品生产、产品供应、产品销售的各个环节进行监督，从而使企业业务流程更加清晰，同时也在一定程度上保障了企业会计数据的真实性和安全性。为此我们可以看出，物联网可以真实的反映企业的经营状况，企业经营管理者可以结合物联网中的数据信息做出正确的决策。随着物联网时代的到来，数据信息已经不再是限制企业经营发展的首要问题，同时智能化会计信息系统的应用可以迅速反映企业的经营状态及问题，同时实现业务与财务的统一，并成为企业经营管理者的得力助手。

（二）物联网环境下会计信息化建设的问题

1. 会计信息化安全缺乏保障

虽然物联网对会计信息化建设有一定的推动作用，但是物联网环境下的会计实务工作的安全性较差，存在会计信息泄露、丢失的风险，如黑客入侵系统窃取商业机密，又如会计信息系统因病毒而瘫痪等，这些问题都会影响企业会计信息的质量，同时也会影响会计信息的安全性和完整性，进而影响企业管理者做出正确的决策，除此之外还会影响企业会计信息化建设进程。

2. 物联网环境下会计信息化发展尚不充分

就当前我国会计信息化建设情况来看，仍存在许多问题。第一，人才匮乏。尤其是会计和计算机方面的人才匮乏，这在一定程度上延缓了我国会计信息化建设速度。第二，相关理论研究滞后。虽然学术界已经有了关于会计信息化建设的理论研究成果，但是理论研究成果与当前我国会计信息化建设程度吻合度较低，大部分理论研究内容局限于会计理论、会计报告、会计信息系统，而关于物联网与会计信息化建设方面的内容较少，从而无法对实践进行有效指导。

3. 物联网标准体系尚未健全

所有技术的应用和推广都需要相应的标准来规范其行为，所以物联网标准化体系的构建在会计信息化建设过程中十分重要。在上文分析中我们得知物联网是建立在互联网的基础上，而从互联网兴起及发展历程来看，正是由于统一的标准体系的规范作用，才使其发展壮大，但是目前物联网并未形成一个统一的技术规范标准体系。虽然部分国家针对物联网提出了相应的标准体系，但是这些标准体系的提出是建立在自身国家利益的基础之上，为此不能成为世界物联网标准体系，并且仍然具有一定的局限性。

二、物联网环境下会计信息化建设思考

（一）物联网环境下会计信息化建设思路

从根本上来讲，会计信息化建设是将会计职能与信息技术结合在一起的过程。通过借助互联网、计算机等技术手段不断优化会计核算、账务处理等工作方式，进而从多方面提升会计职能的履行水平。从国家层面上来讲，会计信息化建设的

目标是在五至十年之间建立健全相关的法律法规，同时逐渐促进企业会计信息化的标准化建设，将 ERP 系统与会计信息系统有机融合在一起。从企业层面上来看，会计信息化的目的主要是通过借助物联网等技术手段，实现企业会计信息与实物信息高度统一，从而提升企业的智能化管理水平，并提升企业会计信息化工作效率。

1. 会计核算智能化

企业通过借助物联网技术解决了会计源信息的问题，将企业实物信息高效转换为会计信息，从具体上来讲这个过程主要是借助物联网 RFID 等技术手段，这些技术手段可以迅速生成实物信息，然后将其传输至会计核算系统，进而生成财务报告，与此同时企业会计核算的效率也大大提升。第一，会计信息获取的智能化。传统会计信息系统环境下，会计信息的获取方式为人工录入，这种方式存在一定的风险，如会计信息录入错误、伪造单据凭证等，而物联网技术的应用可以很好地规避这些问题。例如 RFID 电子标签技术可以实现对企业产品、资产的全方位监控，如产品的出库、运输、验收入库等信息都可以在会计信息系统中得到实时反映，从而提升了会计信息源的质量。第二，会计信息处理的智能化。物联网技术的应用在很大程度上解决了会计信息无法被会计数据处理中心读取的问题，推动了企业会计信息标准化建设进程，同时也提升了企业会计信息处理的智能化。第三，会计报告的智能化。物联网技术在会计信息化体系的应用实现了会计信息系统标准的统一，使会计信息得以共享。与此同时，物联网技术的应用也在无形中实现了财务报告的跨语言、跨平台的利用，进而提升财务报告的决策能力，同时提升了财务报告的智能化水平。

2. 会计监督智能化

首先，信息融合程度大大提升。物联网与企业会计信息系统的融合，可以实现“三流融合”，即物流、资金流、信息流，这样可以实时观测企业经营状况，进而提升企业经营管理效率。其次，强化协同能力。从某种上来讲，物联网技术消除了企业各个部门之间的边界，为各个部门之间的交流、沟通创造了良好的环境，这也为企业会计信息资源的共享与整合提供了有利条件。在一般情况下，企业各个部门之间沟通协调能力的提升，可以大幅度提升会计业务的处理效率和质量，同时企业其他部门也可以随时查看与本部门相关的会计信息，为部门计划的制定和调整提供会计信息支持，由此可以看出物联网技术的应用使企业各部门之间形成了相互支持的协作模式。从外部协作的角度来看，物联网技术在会计信息系统的应用提升了企业与价值链中各个企业之间的协作效率，这有助于提升整个价值链的竞争力。

（二）物联网环境下会计信息化建设路径

1. 推广物联网技术在会计领域中的应用

物联网环境下的会计信息化具有十分重要的意义，它不仅可以拓宽会计学的应用范围，而且也可以加深会计从业人员以及研究人员对会计学的认知和理解，提升会计信息化的效用价值。企业或组织将会计信息共享到信息平台，而其他企业或组织就可以利用信息平台上的会计信息做出经营决策，这样不仅可以实现会计信息的价值，同时也为企业和组织带来了新的发展机遇。自物联网诞生至今，它得到了快速发展，其操作方法与运营理念也在不断革新，为此相关从业者和研究人员需要不断更新自身知识库，并不断学习前沿的物联网知识，并将其应用到企业会计信息化管理之中。除此之外，相关从业人员还要积极强化自身专业素养，并在此基础上积极引进高水平的专业人才，推动我国物联网会计信息化建设的进程。

2. 加强新技术的标准化建设

行业的健康发展需要建立在相应标准制度的基础上，如果没有相应的标准，那么活动的开展将失去规范，从而导致企业经营管理者不清楚企业的发展状况，同时也无法及时、准确了解企业战略目标的完成情况，最终导致企业各项工作开展混乱。在上文的分析中，我们得知目前物联网缺乏相应的标准制度，所以为了促进会计信息标准化建设，当务之急应当是加强物联网标准化制度的建设。在构建物联网标准化制度时需要为以后其完善留下足够的空间，与此同时在物联网标准化制度实施过程中也要不断收集相关反馈信息，从而不断优化物联网标准化制度。

3. 应用会计信息技术提升管理水平

从某种程度上来讲，会计信息化建设可以提升企业会计信息的使用效率，同时会计信息化建设也可以提升会计信息收集、处理的能力，从而推动会计事业的快速发展。随着物联网与会计信息化建设的融合，企业会计信息化管理的思路和方法有了新的发展方向，这也在无形中推动了会计信息化建设进程。企业的会计管理水平在一定程度上受物联网技术与信息技术应用水平的影响，因此要想提升企业会计管理水平，就需要提升企业的信息技术应用能力，并将物联网技术应用于企业会计管理工作之中。当前物联网的发展处于初期阶段，未来有很大的发展空间，为此企业应加快自身信息化建设进程，在信息技术的作用下，促进物联网技术对会计学的应用发展。

4. 加强政府监管和正确引导

物联网作为一个新兴事物，目前它的管理制度并不是很健全，所以应当将物联网会计信息化建设置于法律保护的环境中，从而最大程度上降低其风险。物联网的发展需要经历一个漫长的过程，这不仅是一个不断完善优化的过程，也是物联网与会计信息化共同发展的过程。从宏观经济角度来看，物联网技术发展水平在一定程度上反映一个国家的经济发展水平，同时物联网技术也可以推动国家经济的增长。为此国家应加强对物联网的监管，并制定相应的管理措施。此外，政府也可以采用一定的措施引导进行，不断规范物联网的管理制度。

5. 加大会计专业人才建设投入

一般情况下，行业和技术的发展与相关从业人员的专业水平有很大关系，为此专业人才成为行业和技术发展的关键。在物联网会计信息化建设中，专业信息技术人才是其发展的前提与基础。具体来讲，可以从两方面加快专业信息技术人才的培养。第一，社会及政府加大对物联网以及会计信息化建设的投资力度，重点关注新技术和理论知识的动态，从而为从业人员提供优质的学习资源；第二，社会各界及相关从业人员也应重视物联网会计信息化建设，充分认识它对会计行业发展以及企业的作用和意义，适当调整信息化专业人才的薪资待遇，从而鼓励更多的人加入会计信息化建设队伍之中。

（三）物联网环境下会计信息化建设要求

1. 建设前提

不管是会计电算化，还是会计信息化，都是建立在计算机应用技术的普及和互联网信息技术快速发展的基础上。物联网技术的发展是建立在互联网信息技术的基础上，但是二者在应用范畴上有所不同，会计信息化发展离不开物联网技术。此外，由于物联网的发展时间较短，与之相关的商业发展模式也不够成熟，其管理制度体系也不够完善。目前物联网的应用主要依赖于企业和运营商的管理，为此构建健全、完善的物联网商业模式以及相关标准制度是推进物联网会计信息化进程的前提。

2. 理论支撑

物联网环境下会计信息化建设需要一定的理论来指导实践活动，如计算机理论、会计信息化理论以及物联网理论等，这对传统会计理论提出了更高的要求。除此之外，随着社会经济地不断发展，会计的管理范畴也不断扩大，将物联网融入会计实务已经成为当前社会经济发展的必然趋势。

3. 建设目标

所谓的会计信息化建设主要指的是将信息技术与互联网技术融入会计学科之中，从而借助其信息技术优势提升企业会计工作质量。从某种意义上来讲，会计信息化建设的主要目标是为了实现会计核算的智能化、精准化。会计核算的智能化主要指的是按照预设的程序标准，实现会计工作各个环节（记账、预算编制、财务登记等）的高效完成。会计核算的精准化主要针对的是会计核算结果，通过减少人为操作，提升其结果的准确性。

4. 建设途径

会计信息化建设不仅需要信息技术的支持，而且也要明确其建设目标，但是会计信息化建设途径的关键在于会计信息化软件。通常情况下，会计信息化软件的品质直接影响了会计信息化系统功能的实现程度。此外，物联网环境下的会计信息化建设离不开物联网技术的参与，通过信息系统实现物与物之间的连接，从而实现虚拟系统与现实会计的有效连接，促进会计事业的快速发展。

（四）物联网在会计信息系统设计中的应用

1. 系统开发阶段

首先，想要实现物联网功能的最大化，就需要将其与大数据、云计算以及数据挖掘技术等结合起来。为此物联网环境下企业会计信息系统的建设需要企业与外界云计算服务商合作，并在此基础上展开会计信息化建设工作。其次，在明确会计信息系统开发目标和战略规划之后，需要进一步明确会计人员的控制责任，完成人员操作的权限设置。最后，在完成人员操作权限设置之后，还应当把会计信息系统中的参数、模板的设置结合物联网技术为企业提供多种控制选择，从而在最大程度上提升会计信息系统的使用价值。

2. 系统运行阶段

此阶段的任务主要有两个：一是会计核算，二是系统日常管理。

会计核算。首先，企业发生原材料购买业务时，对购买的材料嵌入 RFID 标签，这样原材料物品的各种信息便会存储在数据中心，一旦这些属性发生变化，会计信息系统也会做出相应的更新变化。另外，在入库、领用、生产、销售等各个环节设置相应的感应器，并利用物联网 RFID 技术，实时更新物品数据信息。其次，成本核算方面。物联网技术在会计信息系统中的应用使标准化成本核算成为企业成本核算的首选方式，因此这就需要运用到采购模块和库存模块，企业会计人员在借助物联网技术及会计信息系统的基础上便可高效完成核算任务。最后，会计凭证、报表输出方面。RFID 技术在企业各个环节的应用，可以帮助企业自动生成相关凭证，并传输至会计信息系统，再由会计人员确认最后生成账簿信息。除此之外，企业的财务报告还可以采用可扩展的财务报告模式，这样不仅可以实现实时追踪，同时也有助于企业管理者深入分析企业经营状况，并依此做出正确的决策。

系统日常管理。首先，人员管理。企业中每一位会计人员都有一种借助 RFID 技术的电子芯片，它不仅是员工个人身份、权限的象征，而且也可以实时记录与工作相关的一切数据信息，通过红外线感应、全球定位、激光扫描等技术实时监督员工的工作情况。其次，业务流程管理。物联网技术在企业会计信息系统设计中的应用，可以建立分析决策数据库，同时企业管理者可以利用数据仓库、数据挖掘等技术全方位了解企业采购、生产、销售等各个环节的业务活动。最后，在会计信息化系统的日常维护中，企业可以租用专业的云计算数据存储中心，同时设置专业团队负责硬件管理和系统维护，例如运用物联网安全技术进行数据安全的维护。

3. 相关子系统设计

（1）系统硬件设计

RFID 标签主要是用于存储和传递数据，读取器主要是用于读取 RFID 标签中所记录的数据信息，无线链路主要是将读写器读取的数据信息传输至数据中心，数据中心的主要功能是处理、管理接收的数据信息。

（2）系统软件结构设计

数据接收和发送模块：它主要是借助 RFID 技术接收读写器中的数据，并对读写器发出相应的指令。

数据转换模块：它主要按照提前设定好的协议，对接收的数据进行解析，从而方便相关工作人员查看，同时按照协议规定对需要发送的数据进行编码，以此方便数据接收模块对数据进行接收和识别。

数据存储和处理模块：它主要是对数据进行识别处理，并删除重复、错误的数据。

应用层模块：它主要应用与资产添加、报废管理，资产实时查询、资产历史查询以及标签生成等。

第六章　总结与展望

随着大数据时代的到来，我国会计信息系统开始向管理会计信息系统阶段（MAS）发展。本章为总结与展望，主要就会计信息系统构建的保障措施、大数据背景下会计人才培养模式的转型两个方面展开论述。

第一节　会计信息系统构建的保障措施

一、构建会计信息系统路径的保障措施

（一）信息技术应用标准

信息技术应用标准主要是为了规范信息技术在会计领域中应用的各个事项，如管理事项、工作事项、技术事项等。例如企业中的会计信息生产者在工作时需要将企业会计准则作为其工作的基本准则，并在此基础上结合自身会计专业知识及工作经验处理企业的各项财务信息，并生成财务报告。企业内部审计人员，即会计信息的审计者按照企业会计准则标准，对企业的各项会计数据、财务报表等内容展开审计。会计信息的使用者在结合数据分析标准的前提下，对大量的会计信息数据进行整合、分析、统计，为企业管理层的决策提供相应的依据。由此可以看出，企业信息技术应用标准的构建，在一定程度上可以实现企业会计信息的整合、利用，这对企业的经营、管理都有着十分重要的作用和意义。

（二）会计信息资源标准

会计信息资源标准的适用范围是会计信息资源本身。随着会计信息化的深入

开展，会计信息的地位越来越重要，其资源化属性也日益明显，企业会计信息资源的利用能力在一定程度上反映该企业的会计工作水平，同时也会在一定程度上影响企业的经营效益。从某种意义上来讲，构建会计信息资源标准的主要目的是为了完善企业会计信息处理流程，同时提升企业会计信息资源的利用价值。一般情况下，按照会计信息的状态可以将其划分为三个阶段：第一，初始状态。会计数据最初产生在企业各个部门的经济活动之中，通过会计信息系统实现企业会计原始数据的收集。通常情况下，企业各部门经济活动中产生的各种原始数据会掺杂诸多无效数据，这些会计信息不仅没有利用价值，而且还会在无形中增加企业会计数据处理负担。第二，中间状态。该阶段主要是对企业原始会计数据进行加工处理，去除那些无效、数据来源不明的会计数据，从而提升会计数据的利用价值。第三，终极状态。企业会计工作人员利用自身的会计专业知识、工作经验按照会计信息资源标准对筛选出来的会计数据进行分类整理，并生成相应的数据报告，为企业管理者提供准确的财务数据，这样可以提升企业会计信息资源的利用价值。

（三）会计信息安全标准

会计信息安全标准主要是为了规范企业会计信息安全的有关工作事项的标准，如基础事项、技术事项以及管理事项。会计信息化发展是一把双刃剑，它不仅让会计数据成为一种重要的资源，但是在开放网络的环境下，企业的会计数据也面临泄露、丢失的风险。因此，为了保障企业会计信息数据的完整性和安全性，务必要构建会计信息安全标准。具体来说，会计信息安全标准包含以下几种：物理安全标准、网络和系统安全标准、数据安全标准等。首先，物理安全标准。它主要针对的是会计信息系统中的各个软件、硬件的运行环境，如硬件更换标准、硬件和软件日常维护标准，此外定期检查会计信息系统中的硬件设施，并更换那些存在安全隐患的硬件设备。其次，网络和系统安全标准。它主要针对的是会计信息系统中的防火墙技术、入侵检测技术以及漏洞扫描技术等。最后，数据安全标准。它主要针对的是会计信息的存储和传输环节，通常情况下常用的保护措施有加密、数据备份、数字签名等，此外还可以通过使用用户权限的认证方法保护数据存储和传输的安全。会计信息安全标准的构建可以最大程度上提升企业会计信息的安全性，为企业会计信息资源价值的发挥创造良好的内部环境。

（四）会计信息化产业标准

会计信息化产业主要指的是与会计信息化相关的部门，此外还包含市场上与会计信息化相互关系的集合。会计信息化产业业务所涉及的领域较多，如会计信息生成业务、交换业务、审计业务，与此同时它还涉及会计信息系统的开发业务以及会计信息系统后续的软件评审业务等。按照标准内容的不同，我们可以将会计信息化产业标准分为两种类型：第一，会计信息化业务资格标准。这个标准主要是为了判定一个企业是否具有开展会计信息化业务的条件、资质。具体来讲，其判定标准有人力、物力、管理等方面的条件。其中人力条件主要包含了企业会计从业者的会计专业知识水平、工作经验以及信息技术应用水平等多个方面。第二，会计信息化业务质量控制标准。该标准主要是为了构建会计信息化质量控制制度。将会计信息化业务质量控制制度应用在企业会计工作之中，可以实现企业会计信息化的动态管理，从而真实地反映企业业务水平，这对提升企业会计信息质量也有积极意义。此外，在会计信息化产业标准的作用下，企业会计信息化发展进程将会加快。

（五）会计信息化人才标准

会计信息化人才标准的主要目的是为了规范会计信息化相关人才的工作和管理的标准。从会计工作人员的职业生涯发展来看，我们可以将会计信息化人才培养方式分为四种类型，并在每一个培养方式之下设置一套与之相适应的会计信息化人才标准。第一，培养型开发方式。目前有很多会计人才培养性开发主体，如高等院校、培训机构等。同时培训内容也受培训对象的影响，如果培训对象是会计专业学生，那么其培训内容不仅包含会计基础知识理论，同时也会涉及一些会计信息化技能；如果培训对象是会计从业者，那么其培训内容主要是以会计信息化技能为主。第二，政策型开发方式。这种方式主要是以行政管理部门、行业组织为主体，并在参照会计行业职业道德标准的基础上对会计从业人员进行职业道德培养，在提升从业会计人员职业道德的基础上，使其更加胜任会计岗位。与此同时，还会对会计从业人员进行职业道德的评审，不断完善会计职业资格管理。第三，使用型开发方式。此种方式主要是以用人单位为开发主体。从具体上来讲，用人单位结合企业会计岗位标准，对现有从业人员进行使用性开发，如岗前培训、入职后定期培训等，以此不断提升企业会计人员的综合素质，提升其岗位胜任能力。第四，提高型开发方式。这种人才开发培养方式主要是以高等院校和社会培训机构为主体，它们为会计从业者提供继续学习、深造的机会，并通过专业的培训方式来提升会计从业人员的会计专业水平和会计信息技术水平，使会计从业人员获得更高的职业资格证书。

二、有效提高会计信息系统应用效果的策略分析

（一）全面完善企业内部的会计信息控制系统

构建企业内部风险控制机制对于一个企业而言是十分重要的，它是企业稳定发展的有力保障。市场经济环境是一个持续变化的环境，因此企业应结合市场整体变化情况，对企业会计信息控制系统进行完善。当市场环境发生变动时，市场竞争也会随之发生变化，如果此时企业还在沿用之前的发展体系，那么企业的发展方向很难与市场发展方向相适应。因此为了保障企业会计信息系统与企业发展变动的同步，需要深入完善企业信息控制系统。从发展的角度来看，完善企业内部会计信息系统控制机制之前，需要站在客观的角度深入分析企业外部经济环境以及限制企业发展的内部因素，与此同时将行业内部发展情况、经济市场变动情况以及社会整体经济环境的变化结合起来展开深入思考。

同时，企业也应从客观角度分析自身在发展中的优势与劣势，并在此基础上系统地、深入地调整企业会计信息系统，从而建立起完善的风险控制基础。具体来讲，企业在会计信息系统控制岗位人员招聘方面，不仅要关注应聘人员的专业能力和核心素养，同时还要对其入职后的日常工作情况进行深入的考核，并做出全面的评价。在确保企业工作人员基本素养过硬的前提下，全面评价工作人员与企业会计信息系统控制岗位的匹配度，然后结合评价结果灵活调整会计工作人员的工作岗位，从而保证企业会计部门的工作效率。

除此之外，在结合会计具体工作岗位职责的基础上，企业还应对会计工作人员进行职位测试。对于企业而言，不仅要在最大程度上避免会计信息系统自身的风险，同时还要保证会计工作人员有较强的风险应对能力。在会计工作人员职位测试的基础上，对会计人员展开风险教育，使他们逐渐树立良好的风险控制意识，并自觉参与、组成会计风险管理体系。从而提升会计信息系统所提供的信息的准确性，当企业面临会计风险时可以做到应对自如，降低或避免风险危害，进而保障企业的社会、经济效益。从专业性角度来看，会计信息系统的运行对工作人员的专业素质要求十分高，为此企业可以适当地介入监察管理人员，抑或是与第三方机构合作，提升企业对会计信息系统控制机制的监测。

（二）增强企业会计信息系统的网络安全管理力度

想要使会计信息系统上一个台阶，提升其工作效率和质量，就需要加强网络安全管理力度。同时想要完善会计信息系统，就需要加强对企业内部网络信息安全的管理力度。

第一，企业管理人员的网络安全管理意识十分重要，只有他们意识到其重要性，才可以有效加强会计信息系统的网络安全管理力度。在提升企业管理人员网络安全管理意识的前提下，引导他们主动学习网络信息安全理念、网络信息安全知识等。此外，企业管理人员应积极开展会计信息系统网络信息安全分析工作，积极分析其中存在的安全隐患，同时聘请专业人员设计预警机制。在具体的系统优化过程中，企业需要增加对网络安全管理机制的优化力度，从而控制会计信息系统运行中出现的网络风险问题，从具体上来讲主要通过以下途径实现：首先，当登录会计信息系统时，会计信息系统会自动地识别用户输入的验证码和指令。其次，会计信息系统采用实名信息核验；最后，会计信息系统会自动分析并审核用户账号信息的安全性。当对这三项安全内容验证之后，会计信息系统会对最后的质量执行结果进行分析，并对用户身份的使用权限进行判断。

第二，大数据时代环境中，大部分的计算机软件存在运行数据多、更新周期短的特点，所以想要保障会计信息系统的稳定运行，就需要定期对会计系统进行更新，并及时处理检测中发现的问题，避免会计信息的泄露。同时为了提升网络安全管理机制水平，还需要及时更新会计信息系统，使其一直保持最新的状态，这在一定程度上也可以降低会计信息泄露的风险。总而言之，只有及时更新会计信息系统、优化相应的网络访问机制，才能形成比较安全的验证机制，确保会计信息的安全性、完整性。

第三，在优化会计信息系统时需要坚持全面的原则，不仅要优化运行系统，而且也要对优化系统的内部配置、网络配置，实现全方位提升企业会计信息安全性能。在对企业会计信息系统进行优化前，会计工作人员需要对数据中心的原始数据进行备份，防止会计信息系统更新过程中发生会计信息数据丢失。从具体上来讲，企业可以按照重要程度，将数据进行分类存储，并对企业会计信息数据进行逐层加密和严格审核。此外加强对信息备份机制的优化，逐渐提升其安全性能，为企业健康稳定发展保驾护航。

第二节　大数据背景下会计人才培养模式的转型

一、大数据与会计人才培养

（一）我国会计人才培养现状

随着我国高等教育的迅速发展，高校会计专业学生数量迅速增加，但是这并没有提升我国高校会计专业教育质量，反而出现了教育质量下滑的现象。从理论角度上来讲，教育质量的高低主要表现在两个方面：一是学生质量。从某种意义来讲，学生质量是一种状态量，又被称之为静态量，它体现的是教育的结果。二是培养质量。它是一种过程量，又被称之为动态量，体现的是教育的全过程，通常情况下我们将学生培养前的质量与当前学生质量间的差值看作是大学生培养质量的值，也就是学生质量的增值。在评价会计专业学生教育质量时，我们不仅要考虑学生质量，还要参考培养质量。

首先，从培养过程的角度来看我国会计人才培养现状。目前我国会计人才培养过程中存在很多的问题，如会计专业课程设置不合理、会计教学方式过于传统、教学考评制度不完善等。此外，部分高校并不是十分重视教学过程的质量，在日常教学中坚持“严进、宽出、中间松”的原则，因此虽然会计人才数量有了明显的增加，但是培养过程质量并不是十分理想，与此同时这样的教育方式也使得教育失去了本身的意义。

其次，从培养结果的角度来看我国会计人才培养现状。我国会计人才培养的质量令人担忧。高校在制定会计人才培养目标、制定考评机制时并未考虑社会对会计人才的需求，高校会计人才培养处于孤岛封闭状态，缺乏与企业的沟通协调，因此培养的会计人才无法适应社会需求，如素质差、知识面窄、实践能力弱等等。因此会计人才的培养应面向市场，在市场导向的指引下制定会计人才培养目标，同时还要加强与企业的沟通协调，深入了解企业对会计人才的素质要求。

国家财务部于 2016 年 12 月印发的《管理会计应用指引第 100 号——战略管理》中共计 22 项管理会计应用指引，分别为 6 项概括性指引和 16 项工具方法指引。它的出现标志着我国管理会计从宏观理论指导转向企业落地实践，从国家顶层政策设计转向具体实践操作，这对提升企业管理效率，推动企业转型起到了积极作用。2017 年智能化会计在管理会计领域得到飞速的发展，其发展速度远远超出人们的预期，为此学术界将 2017 年称为企业“智能化”管理会计落地“元年”。

2017 年由国家财务部颁发的《实施会计人才战略、加强会计人才建设》对会计人才战略发展做出指示，强调在“十三五”期间将管理会计人才培养作为会计人才战略的主要任务，并争取在 2020 年培养出 3 万名管理会计人才，他们不仅精于理财，同时也要善于管理和决策。2017 年我国部分地区逐步推进管理会计体系落地，如北京、山西、上海、江苏等。

2019 年 4 月，国家教育部下发《关于实施一流本科专业建设“双万计划”的通知》，在文件中强调全面实施“六卓越一拔尖”计划 2.0，并在此基础上启动一流本科专业建设“双万计划”。此外该文件中也明确指出，要在 2019 年至 2021 年建成一万个左右的国家一流本科专业点，以及一万个左右的升级一流本科专业点，从而优化我国高校本科教育专业结构，提升本科教学质量。另外，也积极鼓励各个地区探索“新商科”建设，这为我国管理会计人才培养机制的完善提供了良好的条件。

（二）大数据对会计专业人才培养提出的挑战

互联网经济的快速发展在无形中改变了人们的生活方式。随着云计算、物联网、电子发票、电子银行的迅速普及，会计信息确认、会计信息核算、会计信息管理以及会计信息安全等已经成为十分重要的命题。互联网不仅改变了企业的运作模式，同样也给会计人才培养发出新的挑战。

1. 会计基本职能地位发生改变

通常情况下，核算和监督是会计的基本职责，所以传统会计人才培养中十分注重对人才会计核算技能的培养。然而随着大数据技术、互联网信息技术以及物联网技术在会计领域的应用，会计核算流程日益简化。随着电子信息技术的发展，电子发票、电子凭证等逐渐取代纸质会计文档，从而降低会计人员的工作量。此外，传统的会计信息处理工具，如计算器、算盘等，也逐渐被计算机所取代，不同的部门之间可以通过计算机远程操作实现数据的传输，进而提升会计工作效率。这些变化简化了会计工作，提升其工作效率，但是社会也对会计工作人员提出了更高的职业能力要求。随着互联网信息技术在会计领域的应用，企业对基层财务核算人员的需求降低，其需求目标逐渐转向具有数据收集、分析及决策能力的会计人才，所以仅仅拥有会计核算能力的会计人员将不再是企业追捧的人才，会计从业人员需要将工作重心转移到数据信息分析上来。这也对高校会计人才培养提出了新的挑战，在会计教学中不仅要教授学生会计核算知识，同时还要注重管理会计知识地教学，并逐渐改变传统会计人才培养模式，提升学生的数据分析、决策能力。

2. 会计组织形式愈加开放

随着通讯技术以及软件系统的推广与普及，会计数据的传输速度有明显的提升，同时简单重复标准化的财务工作得到集中处理。此外，企业财务核算由传统独立核算模式走向集中的财务共享模式也是时代发展的潮流，具有不可逆性。在这样的环境下，各个会计主体的会计质量以及核算效率将会随着财务共享模式的统一核算而提高，同时会计核算也将摆脱空间的制约。另外，在大数据环境下会计工作也将不再受地域因素的限制，同时会计线下工作模式将逐渐转为线上工作模式，而这也将成为会计服务机构的主流，如代理记账网络化、在线财务管理咨询、云审计、云会计等。总之，互联网信息技术推动了会计行业的发展，催生了诸多新型的会计服务体系，它们借助网络技术手段，为企业提供更加全面的会计信息。

3. 会计知识传播渠道更加多元

在传统会计教学模式环境中，教师是课堂教学的主角，学生处于被动地位，这种灌输式的教学方式会增加会计理论教学的枯燥性，这不利于提升课堂教学效果。在大数据背景下，人们的学习方式也朝多元化方向发展。目前高校已经被网络信息化技术覆盖，各种教学技术手段都可以灵活地运用到课堂教学之中，如远程教育、教学资源库等。此外随着移动 APP 的迅速崛起，移动教学、移动学习也丰富了学生的学习方式，此外慕课、微课等也都在一定程度上丰富了学生的学习方式。在高校会计专业教学中，教师不仅可以利用计算机进行教学，同时也可以将慕课、翻转课堂等教学模式引入会计教学之中，调动学生学习的积极性，提升课堂的教学质量。为此，在大数据时代对高校会计专业人才培养过程中是否可以有效利用多元化学习方式提出了挑战。

（三）大数据对高校会计人才培养的重要推动力

从某种意义上来讲，大数据对高校会计教育做出了重要的贡献，促进高校培养符合社会经济发展以及企业发展需求的人才。虽然互联网技术和大数据技术的快速发展对很多专业领域产生了冲击，但是也为其发展带来了广阔的空间。

1. 大数据使会计环境发生了深刻变化

一般来讲会计的主要目标是向企业内部以及企业外部信息使用者提供相应的会计信息，为他们的决策提供参考，然而会计环境在无形中决定了会计发展的方向。互联网、大数据以及物联网等技术的推广与普及不仅给教育提供了全新的发展思路，同时也给社会经济发展开辟了新的出路，大数据等技术在国家经济运行、国家治理领域的应用逐渐增多。大数据的到来在一定程度上突破了传统财务会计数据的界限，在大数据环境下凭借传感器、互联网、信息技术生成了各种电子数据信息。随着大数据的深入发展，它逐渐受到各个行业的重视，企业将大数据作为提升企业核心竞争力的关键因素。2016 年，中国注册会计师协会发布《注册会计师行业信息化建设规划（2016—2020 年）》指出："增强注册会计师信息技术和数据技术应用能力，加快培养复合型数据分析人才”。[①] 上海国家会计学院于 2017 年 7 月发布了“2017 影响会计从业人员的十大技术评选结果”，该结果由财经界和 IT 界共同评选，最终大数据位列十大技术之首，这在一定程度上也反映了会计行业对大数据的认识提升。此外数据分析的重要性也逐渐被行业认可，它可以创造出更高的价值。随着大数据的发展，大数据技术以及各种信息技术已经渗透至会计行业的各个方面，如会计研究、会计管理、会计实务以及会计教育等。

2. 新时代会计人才的需求结构矛盾凸显

大数据在产业领域也得到了广泛的应用，从而导致应用复合型人才的需求量增大，进而导致应用复合型人才的供需矛盾激化。第一，能够适应大数据时代的会计人才匮乏，无法满足企业的需求。全球著名咨询公司麦肯锡在 2013 年对大数据时代人才需求进行了预测，并指出在未来十年全球商业界将会面临数据应用人才匮乏的困境。2014 年美国注册管理会计师公会、特许会计师公会针对大数据时代会计人才需求进行调研，并指出未来十年内，具有会计专业知识及信息分析技术的复合型人才将会是企业的高级人才，他们在企业管理和企业决策中的作用逐渐加大。2016 年 10 月财政部会计资格评价中心和中国社会科学院人力资源研究中心联合发布了《我国会计人才供求状况研究报告》，报告中预测我国 2020 年的会计人才需求将会达到 1834 万人，但是在 2015 年我国拥有会计从业资格证的人员已达到 2050 万人，这一数据明显反映了我国会计人才供过于求，我国传统会计行业正处于转型的十字路口。[②] 大数据时代对人才需求有了新的要求，从具体上来讲，以下两种类型人才是大数据时代尤为急需的：一是数据技术人才，二是数据应用人才。为了满足大数据时代对人才的需求，北京大学、复旦大学、中南大学以及对外经济贸易大学等 35 所高校增设“数据科学与大数据技术”专业，并通过了国家教育部的审批，这表明国家对数据技术人才培养的重视。虽然目前高校加强了对数据人才培养的重视，但是相对于产业领域大数据的应用来讲，其显得略为滞后，如适合大数据时代的会计人才培养路径依然不够明确，复合型会

① 中国注册会计师协会 . 注册会计师行业信息化建设规划（2016—2020 年）[R].[2016-12-15] https://www.cicpa.org.cn.

② 财政部会计资格评价中心 . 我国会计人才供求状况研究报告 [N]. 中国会计报，2016-10-21.

计人才培养进程缓慢等。为了提升我国全球商业竞争的实力，高校有必要采取积极行动，培养更多优秀的人才。

二、大数据背景下会计专业人才培养模式分析

（一）大数据背景下会计专业人才培养模式问题

在大数据时代，各行各业都发生了翻天覆地的变化，企业改革的脚步也逐渐加快，这就导致企业对高素质专业会计人才需求增加。然而当前我国高校在会计人才培养方面还存在许多不足之处。

1. 专业人才培养目标有待创新

人才培养目标的制定需要适应社会产业发展需求以及适应学校转型，只有这样培养出来的人才才能符合行业发展需求。目前大部分高校缺乏互联网思维，所以人才培养目标无法及时更新，从而导致人才培养与企业需求不符，人才培养体系架构不合理。高校在培养会计专业人才时，往往将核算等基本技能作为培训的主要内容，例如让学生熟悉手工记账与会计信息化处理的区别与联系、日常经济业务的账务处理、会计报表的编制等。在大数据时代，物与物、企业与企业、人与人之间的联系日益紧密，在互联网等信息技术环境下，会计信息实现了“人、财、物、信息”的四合一，传统的会计人才培养方式已经无法满足大数据时代对会计人才的需求，具有会计专业知识和信息技术能力的复合型人才才是当前企业急需的会计人才。

传统会计人才培养将知识传授以及学生学习结果作为重点，在一定程度上忽视了知识、能力、素质的有机统一。当前我国高校会计人才培养目标的制定主要是参照我国教育部颁发的《普通高等学校本科专业类教学质量国家标准（2018）》，并在此基础上结合学校自身的实际情况以及办学特点制定详细的会计人才培养目标。同时我国大部分高校会计人才培养目标仍然没有完全与大数据时代的要求接轨。另外由于大数据时代对会计职业产生了较大的影响，因此会计人才培养目标未能与企业需求相匹配。当然目前部分高校依然在修订完善会计人才培养目标，但是如何使其与大数据时代要求相匹配，如何培养出数据分析能力较强的会计人

才，都需要高校在制定人才培养目标时认真思考这些问题，从而培养出更多适合社会发展需求的会计人才。

2. 课程体系设置有待完善

当前大部分高校并未开设“移动互联网”专业，将互联网相关课程融入会计人才培养计划之中更是凤毛麟角。当前，大部分高校会计人才培养依然停留在会计电算化教学，学生只需要掌握一定的会计软件操作即可。但是随着“互联网+”与教育的深度融合，对学生的素质也提出了新的要求，他们不仅要掌握会计专业理论与实务知识，同时还要具有一定的计算机应用能力。大数据时代，企业往往青睐于那些同时拥有专业会计知识和计算机技术水平一流的复合型人才，这样的会计人才在日常工作中可以轻松处理各种类型的业务，为企业创造更多的价值。所以大数据时代务必要培养具有会计专业知识和掌握网络信息知识的复合型人才。除此之外，需要注意课程体系的设置应从多方面考虑，不应局限于课堂教学，还应考虑课外教学，这也是目前我国大部分高校在课程体系设置方面的短板。高校应积极拓展课外培养计划，鼓励学生参加各种类型的会计比赛，如“挑战杯”赛、学科竞赛等。此外，也可以鼓励参加大学生创新创业项目实践活动，并将这些实践活动以学分的方式纳入课程体系。

目前我国高校在课程设置上还存在以下几个方面的问题：第一，部分高校拥有较好的硬件设施和师资资源，但是他们在进行课程体系改革时过于激进，将大数据技术层面的内容无限放大，反而弱化了会计专业性知识内容。第二，部分高校在课程体系改革时，认识到了大数据技术的重要性，并将相关课程融入会计课程体系，但是其教学仅停留在扩展知识的层面，没有将大数据与会计进行深度融合。第三，部分高校对大数据有较高的认识，但是受学校硬件设施、师资等因素的影响，无法完善课程体系。总之，大数据时代下，复合型会计人才是推动企业和社会发展的关键，但是目前高校会计人才培养课程体系建设还有待完善。

3. 会计专业实践教学有待增强

通常情况下，理论知识的传授是文科专业的主要环节，但是会计专业与其他文科专业性质又有所不同，它是一门实践性较强的学科，对学生的实操能力有较高要求，然而目前高校会计人才培养“重理论，轻实践”。在这样的教学环境下，学生可以清楚地理解会计理论知识，但是不能很好地将理论知识搭建成一个完整的知识体系，随着会计理论知识的深入学习，学生大脑中的会计理论知识增加，但是所有的会计理论知识并未形成知识体系，从而导致学生越学越吃力，最后产生厌学的现象。虽然大部分高校设置了模拟实验室，但是在日常教学中并未充分利用模拟实验室，从而降低了会计专业的实训效果。另外大部分高校也十分鼓励学生“走出校园，进入企业”，但是在实际操作中难度较大，学生无法胜任最终的实习仅仅换来一张实习鉴定表，这种实习方式过于重视流程，实质性作用较小，因此无法通过这种方式培养出符合企业需求的会计人才。

通常情况下，高校会计专业的实践类型主要包含以下几种形式。第一，校外顶岗实习。这种实训形式可以很好地将会计理论与实践相结合，然而在实际操作中企业考虑到会计信息的重要性，所以这种实训形式在现实中很难实现。第二，校外集中实践。这种实训形式由高校统一组织，将学生安排到具有会计培训资质的单位或实习基地，然后统一进行会计实践。一般情况下这种实训方式的侧重点在会计软件的操作，并不具有大数据技术的学习与实践。第三，校内模拟实验室。这是目前大部分高校依然保留的一种会计实践方式。校内模拟实验室主要是让学生进行手工模账或者电脑模账训练，这种会计实践模式同样没有涉及大数据技术的学习与实践。第四，分散实践。目前我国大部分高校采用的会计实践方式就是此种方式，即学生自主联系企业单位进行实习，但是这种方式往往流于形式，学生不仅没有参与企业单位的会计实务，而且也没有参与大数据技术的应用。

4. 会计专业教师队伍素质有待提高

高校教师队伍的综合素质水平对会计人才培养具有十分重要的作用。大部分高校教师都是在毕业之后直接走上教师岗位，为此他们的会计实务操作经验较少，这也直接导致高校会计教师的实践能力不足。虽然部分高校为提升教师的实践能力，为教师提供进入企业学习交流的机会，但是由于受时间、空间的限制，所以教师只能进入小企业学习，从而导致其实践经验积累缓慢。在这样的情况下，高校会计教学难免会出现闭门造车的问题。随着互联网时代的到来，对高校会计教师素质也提出了新的要求，他们不仅要具有丰富的会计理论与实践知识，同时也要具有较好的信息技术知识。此外，目前高校对会计的考核主要以科研为主，不是很关注教师的实践教学能力，这也导致教师将大部分精力放在科研上，从而降低了课堂教学效果。

众所周知，教师是教学的主体，不管是教师的个人能力，还是教师的综合能力，都会直接影响高校会计人才培养质量。通常情况下导致会计专业教师知识结构更新不及时的原因主要表现在以下两个方面。

第一，客观原因。传统会计专业的教师往往拥有丰富的会计专业理论知识，然而会计方面的理论知识在不断更新，如会计准则、税法新政等，所以会计专业教师很有可能无法及时更新相关的专业知识。此外，高校会计专业教师还需要了解、掌握一定的大数据、云计算等技术知识内容，这也在无形中增加了会计专业教师知识结构更新的负担。另外，高校对教师的考评机制也在一定程度上影响了教师知识结构的更新速度。正如上文所讲，高校将科研作为考核教师的主要内容，所以教师将大部分的精力放在科研方面，因此他们学习新知识的精力和时间也就大大缩减。

第二，主观原因。如果想要完成大数据与高校会计课程的完美融合，就需要教师具有较高的综合素质水平。会计专业教师不仅要精通会计专业理论、实践知识，同时也要精通大数据信息技术等方面的知识内容，所以这就要求教师将大部分精力投入大数据信息技术知识内容的学习。但是从教师自身发展角度来看，他们缺乏学习大数据信息技术知识内容的动力与激情。

5. 教育客体——学生学习理念缺乏

学生学习理念存在一定的问题，缺乏学习的主动性。目前我国不同层次高校的学生在学习理念上存在一定的偏差，所以即便是在高校会计专业开设大数据课程，不同层次高校的学生的学习结果也不尽相同，从而影响最终的培养效果。

（二）大数据时代下全新会计人才培养模式

结合上文中对大数据时代我国会计人才培养模式问题的分析，积极构建全新的会计人才培养模式显得尤为必要。

1. 培养目标——“四位一体目标”，确定培养的正确轨道

（1）“四位一体目标”的内涵

南京财经大学王开田教授曾指出应当培养会计人才的三商，即情商、智商、

灵商。其中灵商主要指的是会计的灵动性和会计的创造力，这些为以后的研究打下了坚实的基础。近年来教育环境发生了巨大变化，如国家针对高校提出“三全育人”的战略目标、“课程思政”等新型教学模式的出现，又如大数据对会计人才要求的提升，这些都在一定程度上体现出会计心商、会计财商、会计德商的重要性，而之前实现会计智商、情商、逆商的终极目标已经无法满足当前社会发展对会计人才的需求。想要培养出与大数据时代要求相符的会计人才，首先需要将大数据融入会计人才培养目标之中，并在此基础上构建“四位一体”会计人才培养目标，即知识、素质、能力、三观于一体。在“四位一体”的人才培养目标下，逐渐实现会计智商、情商、逆商、心商、财商、德商——六商的终极目标。六商中心商、财商、德商为新增内容，其中会计心商主要指的是会计人员的心态，如处理重要会计工作的良好心态以及缓解工作心理压力的能力；会计财商指的是会计人员的理财能力，尤其是投资收益能力；会计德商则强调的是会计人员的思想道德素质，如诚实、负责等。“三观”主要是为了培养学生良好的人生观、价值观、世界观，这可以通过课程思政的方式实现。

（2）“四位一体目标”的实施建议

将“知识、素质、能力、三观”作为会计人才培养目标制定的核心，并在此基础上对培养目标进行内外部合理性的评价，最终确定人才培养目标细节，而后结合会计人才培养目标制定毕业要求，然后再结合毕业要求制定相应的课程体系，并以此类推进行环环相扣的具体设置和操作。一般情况下，我们只有确保最初会计人才培养目标的科学性，才能保证毕业要求以及课程体系设置的合理性。在大数据时代背景下，会计人才培养目标的制定依然不能偏离掌握会计核心知识内容，并在此基础上加大学生大数据应用能力的培养，使学生满足大数据时代对会计人才的要求。

2. 课程体系——“两大类课程深度融合”助力培养目标的落地生根

（1）“两大类课程深度融合”的内涵

大数据时代对高校会计课程体系建设提出了新的要求，实现会计与大数据两大类课程的融合创新尤为重要。从具体上来讲可以从以下几个方面入手：第一，突显会计课程的专业性。在会计专业课程设置上应当以 2018 年颁发的《普通高等学校本科专业类教学质量国家标准》为指导，保留并设置会计专业核心课程，如财务会计类课程（如初级、中级、高级财务会计等）、财务管理类课程（如初级、中级和高级财务管理、财务报表分析）、管理会计类课程（如管理会计、全面预算等）、审计类课程（如审计学）、法规类课程（经济法、税法等），以此来彰显会计专业的专业性、技术性特点。不管大数据对会计行业的影响有多大，会计系统的研发、设计依然无法脱离会计专业知识内容，如会计准则、税法、审计准则等。为此深入学习会计专业知识内容具有十分重要的意义，如果不能精通会计专业知识，那么将无法真正理解大数据技术下信息系统处理数据的经济实质。第二，增加大数据技术相关课程。如数据挖掘、大数据与财务决策、数据分析等。这样可以逐渐实现大数据与会计专业的深度融合，这对于培养学生收集数据、分析数据的能力有积极作用，同时也可以在无心中培养学生的决策能力。

（2）“两大类课程深度融合”的实施建议

为了在最大程度上实现会计人才培养目标、使学生达到毕业要求以及培养与大数据时代发展要求一致的会计人才，务必要加强课程设置。在课程设置过程中，可以将企业引入课程设置与课程大纲制定之中，加强与企业的深度合作，使高校培养的会计人才更加符合企业发展的需求。具体来讲，一方面需要高校和企业共同开发大数据与会计融合的课程与教材，从根本上提升教材的实用性；另一方面高校与企业共同制定课程大纲，并将会计实践内容转化为理论课程讲解内容，从而提升会计课程的适用性。

3. 教育主体——“三出三进策略”优化会计教师资源

（1）“三出三进策略”的内涵

在上文的分析中不难发现，大数据时代对高校会计教师提出了更高的要求，要求教师既要精通会计专业知识，又要掌握大数据相关的知识。为此高校可以采用“引育结合”“跨界融合”等方式优化高校会计教师资源，在具体操作中可以实行“三出三进策略”。一方面，从外部引进具有计算机信息处理能力和会计专业知识的综合型教师；另一方面，通过培训的方式方法将高校现有的会计教师培养成既懂会计知识，又懂计算机信息技术的综合型教师。从某种意义上来讲，“三出三进策略”是实现高校会计教师跨界融合最有效的途径。从具体上来讲“三出”

主要强调的是高校会计教师走出校园走进企业，深入学习、实践大数据技术知识，走进国内外院校交流学习大数据技术知识，走进国内外会议深入研讨大数据技术。“三进”主要指的是邀请国内外大数据会计实务专家到校讲座，邀请企业到校进行大数据实践交流，引进企业大数据实践平台。

（2）“三出三进策略”的实施建议

从具体上来讲，可以从以下两个方面实施“三出三进策略”：第一，高校定期指派会计专业教师进入国内外高校或企业学习数据挖掘、数据分析技术，并指派会计教师参加与大数据相关的会议和科研，提升会计专业教师的大数据能力，同时结合我国实际情况研发适合我国国情的大数据会计信息系统。此外，也可以让会计专业教师走进企业，帮助企业实施大数据会计信息系统的构建，以此来提升教师的大数据会计实践能力。在这个过程中，也要鼓励学生积极参与，从而了解学生的学习需求，实现互动教学。第二，邀请大数据专家或有大数据会计信息系统使用经验的企业进入校园，通过开展讲座的方式实现双方交流，从而提升会计专业教师对大数据技术的理解。

4. 教育客体——“四大课堂协同发展”培养学生大数据思维

（1）“四大课堂协同发展”的内涵

通过“四大课堂协同发展”可以实现学生学习理念的转变，提升学生学习的主动性。第一课堂，它主要是通过通识教育、学科教育以及大数据深度融合专业教育的方式提升学生的会计专业知识和大数据技术知识。第二课堂，它主要指的是各种类型的学科竞赛和社会活动。当前会计专业学科竞赛往往与大数据技术相关，所以参加学科竞赛可以提升学生的大数据技术水平。第三课堂，它主要指的是课外课堂，即学生走出校园参加社会实践活动，如参加学校组织的实习基地活动。第四课堂，它指的是网络课堂。随着网络信息技术的发展，网络学习已经成为一种不可替代的学习方式。通过以上四大课堂的协同发展，会计专业学生的学习会逐渐从被动转变为主动，与此同时也会有助于学生大数据思维的培养。

（2）“四大课堂协同发展”的实施建议

从具体上来讲“四大课堂协同发展”的实施策略可以从以下几个方面入手：首先，第一课堂应采用“全过程考核”机制的方式，使学生熟练掌握大数据技术知识。在实际教学中，结合慕课教学法激发学生大数据技术知识学习的兴趣，并在课堂中鼓励学生参与课堂讨论，此外设置相应的课后作业对学生进行考核，从而达到巩固知识的目的。通过“课前、课中、课后”全过程的监督、评价可以提升课堂教学效果。其次，第二课堂可以采用学分制的方式。这样可以激发学生参加学科竞赛的积极性，使他们在竞赛中学习并巩固大数据技术知识。再次，第三课堂教学中高校应发挥自身资源优势，积极联系校外会计实习基地，为学生会计实践创造便利之处。最后，第四课堂应充分借助移动互联网信息技术的优势，为学生推荐一些学习资源丰富的软件、平台，让学生在可以学习更多的大数据技术知识，了解大数据会计系统的研发情况，从而提升学生的大数据会计能力。

5. 实训实践——“五大实践联动策略”实现理论与实践深度融合

（1）“五大实践联动策略”的内涵

实训实践在会计人才培养过程中十分重要，我们可以通过“五大实践联动策略”的方式实现会计理论与实践的有效融合。正如上文所讲，会计专业是一个实践性很强的专业，所以会计实践平台的构建格外重要。传统的会计实训实践主要包含四种类型，即学科竞赛及大学生创新企业项目的会计实践、会计模拟实验、签约实习基地的集中实践、社会分散会计实践。传统的四类实践方式对高校会计人才培养产生了积极作用，但是受新冠肺炎疫情的影响，学生进入实习基地以及分散实训实践的方式存在较大的安全隐患，因此创新性的将企业的会计大数据实践平台引入高校成为第五种会计实践类型。

（2）“五大实践联动策略”的实施建议

从具体来讲，可以从以下两个方面开展“五大实践联动策略”。第一，对传统四大会计实践模式进行创新。如会计模拟实验室实践的创新，在保留现有财务模拟软件的基础上，将大数据与会计融合仿真平台引入模拟实验室，抑或是结合学校会计人才培养需求与软件开发公司共同研发虚拟仿真平台，这样的虚拟仿真平台的实践针对性将大大提升。第二，充分发挥第五大实践活动的优势，解决当前新冠疫情对实践教学带来的不利影响。将企业的会计大数据实践平台引入高校，利用企业的财务共享平台、财务共享沙盘等展开教学，抑或是邀请企业“大数据+

财税审”专家到校为学生演示大数据与会计融合的具体应用，并引导学生参与实践演练，提升学生大数据和会计融合的能力。

三、大数据时代下会计人才培养机制创新

（一）创新内容

从企业战略执行、企业战略监督以及企业战略制定三个层面深入阐述“业财融合”理念对会计人才培养的重要性。2016年我国财政部颁布的《会计基本指引》对企业会计理念做了进一步的阐释，并指出会计应将企业战略作为其工作导向，并在此基础上持续为企业创造价值。然而在实际教学中企业战略、会计是两个独立的教学内容，二者并未实现有效结合，所以十分有必要将企业战略融入会计课程之中，并逐步建立业财融合的人才培养体系。

在新时代环境中，会计人才培养应主动适应企业“扁平化”网络组织结构转型的战略需求，并在此基础上逐渐完善会计信息系统课程体系，将财务运、智能化以及财务共享等融入其中。此外，还要积极适应互联网大环境下的易变的经济环境和经营环境，构建以成本管理、预算管理、风险管理以及业绩管理为核心的会计课程体系，激活会计理论在会计实务中的应用。

加强对“非结构数据”应用能力培养的重视程度，将强调数据间的“因果关系”向从“相关关系”中寻找价值方向转型，这样可以在一定程度上满足基于“算法”的大数据对经济驱动的需求。例如培养学生将企业经营中的销售、顾客行为、消费习惯等非财务数据应用于会计分析、预算、评估以及控制方面的能力。从某种意义上来讲，在培养会计人才过程中不仅要培养学生发现问题的能力，而且更要注重培养学生分析、解决问题的能力。

（二）创新目标

解决传统会计课程与战略管理相分离的状况，构建业财融合的会计人才培养模式。

实现会计理论的核心实践价值，并在此基础上利用大数据分析工具，打造一个“互联网＋财务”智能化会计课程体系。

大数据时代下会计人才培养不仅要提升学生文本数据、非结构性数据等方面的能力，同时还要学生熟练掌握各种算法。此外大数据时代下的会计人才培养要加强对学生非财务数据整合、分析能力的培养，提升学生数据分析、处理能力，为企业创造更多的价值。

尝试“探索性”+“研究性”的应用型会计人才培养模式，提炼形成“中国情境”下的企业会计实践教学案例库，切实提升课程教学效果。

（三）创新拟解决的核心问题

大数据时代下会计人才培养机制创新需要解决的问题很多，如业财融合差、课程内容单一、对企业战略转型关注不够等。抓住大数据时代的发展机遇，实现跨学科的会计课程创新。

随着人工智能的出现，它对人类社会秩序产生了较大的影响。它不仅促进模式的创新，同时还对会计领域产生很深的影响，如财务战略转变、流程重组等。在这样的大环境下，会计课程亟待加强其赖以依附的“智能化”“共享化”保障。利用企业智能化中的创新驱动等方面的因素，实现人人财务、智能财务、战略财务、业务财务等。与此同时，借助企业智能化财务中的共享数据，推动企业实现数字化转型，并在此基础上形成“业财融合”和“业财一体化”的会计人才培养机制。

四、会计人才培养机制优化策略

（一）实施方案优化

在“互联网＋财务”的影响下，企业管理结构逐渐朝着扁平化方向发展，在这样的大环境中，企业开始探索新的会计人才培养体系，即将“财务共享”“财务云”“智能化”融入其中。此外，企业也从销售、投资、采购、筹资等多个决策角度入手，努力构建一个基于成本管理、预算管理、信息搜集以及资金处理等业务流程的会计理论和实践课程的信息化转型。

从会计行业生态角度出发，探索会计行业当前所面临的困难，并积极寻找会计行业未来的转型方向。具体来讲，目前财务人员面临诸多困境，如账面价值无法与公允价值相匹配、信息技术发展、信息披露无决策价值、非 GAAP（公认会计原则）报表应用增长等。在“互联网 + 财务”快速发展的环境下，我们应转变传统观念，并将“非财务数据”作为核心，积极探寻新的会计人才培养机制。具体来说，新的会计人才培养机制应建是以“数据资产”为基础，涵盖客户、产品、渠道、财务四个维度，量化企业价值的会计新体系。

积极探索“智能化”时代会计人才培养新模式，即在传统会计、审计技术的基础上进行会计人才培养方案创新，从而提升会计人才的综合素质水平，如管理能力、客户服务能力、领导能力以及预决算能力等。此外，会计人才培养方案应全面体现会计与其他方面的联系，如会计与经济、会计与及金融、会计与科技、会计与文化等，通过强化会计的跨界学习能力来培养他们把握数据、算法等方面的能力。

（二）实施方法优化

第一，实地调研。通过开展实地调研的方式，明确“互联网 + 财务”思维模式在会计人才培养机制中的可行性方法。此外从企业实践角度出发，深入了解企业智能化信息整合系统，同时在实践中掌握行业对会计人才培养的实际需求，并在此基础上认真听取行业前辈对目前会计人才培养各方面的建议，如会计人才的领导力、会计人才的决策力、会计人才的战略控制素质等。并对行业前辈的会计人才培养意见进行汇总，为会计人才培养提供一定的借鉴作用。

第二，理论与实践结合。加强理论与实践的结合，逐渐构建“智能化”会计人才培养模式。根据当前企业网络化组织结构的转型情况，以及企业对决策会计人才需求的增加，可以有计划有目的地实施“智能化”会计专业人才培养方案改革，夯实会计专业人才的基础知识，同时提升他们的信息技术、大数据应用与管理等方面的技能，总之在会计教学中应强化、突出大数据工具对会计理论与实践的影响。

第三，以点带面。通过以点带面的方法实现教学资源体系的建设，如以《会计学》《财务管理学》两门课程作为切入点，并在此基础上借鉴国外先进的会计人才培养理念和教学实践经验构建包含企业战略执行、企业战略监督、企业战略制定三个层次的会计人才培养体系。在实际教学中，我们应以学生“探索式”学习为主，借助现代化信息教学技术及教学模式开展教学，以此来构建“以生为本”的会计人才培养体系。

第四，“研究性”教学。这种教学方法十分重视学生对会计教学目标实现程度的反馈，同时这种教学方法也改变了教学评价的被动性，在一定程度上提升了会计教学效果。具体来讲，“研究性”教学主要分为以下几个步骤:（1）教师通过建立教学授课目标的方式，明确学生需要掌握的会计基础知识内容，并形成有助于学生学习的目标。（2）形成假设，即在教学中教师通过什么方式、方法帮助学生达成教学目标要求。（3）针对教学目标，判断课堂教学效果，即学生课堂基本知识的掌握情况。（4）设计问题，教师通过什么方式方法可以使学生掌握教学目标。（5）收集、分析、反馈数据。（6）根据数据分析情况，给出分析结果并提出相应的改进建议。（7）评述与评估。

参考文献

[1] 高亚静．大数据时代下会计信息化的风险因素及防范措施 [J]．商业文化，2022（16）：28-30.

[2] 刘传政．大数据时代基于云会计的小微企业财务管理分析 [J]．中国集体经济，2022（16）：151-153.

[3] 安妮．企业会计信息化的现状问题及对策提升 [J]．现代企业，2022（06）：179-181.

[4] 张涵博．中小企业会计信息化建设存在的问题及对策 [J]．现代企业，2022（05）：171-172.

[5] 王东．会计信息化条件下企业内部控制优化策略研究 [J]．商场现代化，2022（07）：179-181.

[6] 奎君．大数据背景下会计信息系统理论结构研究 [J]．大众投资指南，202(07)：128-130.

[7] 程显杰．构建会计信息化标准体系的路径选择 [J]．北方经贸，2022（03）：89-91.

[8] 傅钰．云计算背景下的财务管理会计信息化系统设计分析 [J]．中国管理信息化，2022，25（06）：61-63.

[9] 叶蕾，朱媛婷．物联网环境下会计信息化建设的有效方法 [J]．现代商业，2022（03）：156-158.

[10] 卞艳艳．大数据与会计：培养高素质复合型会计人才 [J]．考试与招生，2022（Z1）：113-115.

[11] 何代菊．大数据背景下计算机网络信息安全问题分析 [J]．南方农机，2021，52（23）：126-128.

[12] 赵燕玲．物联网时代下会计信息化建设 [J]．中国乡镇企业会计，2021（11）：149-150．

[13] 徐丽雅．信息化背景下物联网企业财务共享服务的构建探析 [J]．当代会计，2021（20）：1-3．

[14] 倪晨皓．大数据技术应用现状及发展趋势研究 [J]．中国管理信息化，2021，24（16）：179-180．

[15] 王小红，徐焕章．大数据时代下会计人才培养模式研究 [J]．会计之友，2021（16）：119-125．

[16] 杨燕云．云计算环境下的企业会计信息化建设模式 [J]．投资与创业，2021，32（12）：97-99．

[17] 闫杨．云会计环境下 AIS 可信性评价研究 [D]．西安，西安石油大学，2021．

[18] 邓淑婷，许梦娇．云计算视角下会计信息化建设探究 以民办本科高校为例 [J]．经营管理者，2021（05）：74-75．

[19] 庞丽群，王春莲，杨桂兰．大数据时代基于云会计的人才培养模式探究 [J]．吉林工商学院学报，2021，37（02）：119-121．

[20] 孙刚．大数据驱动下业财融合导向的管理会计人才培养机制创新 [J]．财会月刊，2021（02）：88-93．

[21] 张冬海．探寻完善会计信息化系统对规避企业税务风险的必要性 [J]．中国产经，2020（22）：143-144．

[22] 张理娟．浅析大数据应用发展趋势及对策 [J]．信息系统工程，2020（10）：70-72．

[23] 李慧．大数据时代下会计专业人才培养变革 [J]．当代会计，2020（18）：4-6．

[24] 殷子涵．企业会计信息化的现状与风险对策研究 [J]．商讯，2020（17）：78+80．

[25] 彭湃．关于大数据的社会价值与发展方向的分析 [J]．数码世界，2020（06）：72．

[26] 刘业政，孙见山，姜元春，等．大数据的价值发现：4C 模型 [J]．管理世界，

2020，36（02）：129-138+223.

[27] 杜莉．大数据时代应用复合型会计人才培养体系构建 [J]．商业会计，2019（14）：115-118.

[28] 徐玉德，马智勇．我国会计信息化发展演进历程与未来展望 [J]．商业会计，2019（07）：7-12.

[29] 赵文庆，梁运吉．物联网环境下的会计信息化建设研究 [J]．现代营销（信息版），2019（04）：67-68.

[30] 石文．大数据时代会计专业人才培养路径探索 [J]．商业会计，2018（19）：119-121.